场景营销

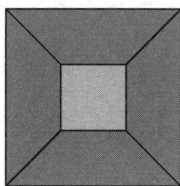

营销铁军　著

古吴轩出版社

图书在版编目（CIP）数据

场景营销 / 营销铁军著. -- 苏州：古吴轩出版社，
2020.7
ISBN 978-7-5546-1564-5

Ⅰ．①场… Ⅱ．①营… Ⅲ．①营销－研究 Ⅳ.
①F713.3

中国版本图书馆CIP数据核字（2020）第113208号

责任编辑：蒋丽华
见习编辑：张雨蕊
策　　划：周建林
装帧设计：焱　玖

书　　名：场景营销
著　　者：营销铁军
出版发行：古吴轩出版社
　　　　　　地址：苏州市十梓街458号　　　　　邮编：215006
　　　　　　电话：0512-65233679　　　　　　传真：0512-65220750
出 版 人：尹剑峰
印　　刷：大厂回族自治县彩虹印刷有限公司
开　　本：710×1000　　1 / 16
印　　张：15
版　　次：2020年7月第1版　　第1次印刷
书　　号：ISBN 978-7-5546-1564-5
定　　价：55.00元

如有印装质量问题，请与印刷厂联系。0316-8863998

　　"场景营销"这个词，对很多人来说是一个新鲜的词。事实上场景营销早已出现，只是它一直潜伏着，很多人没有注意到而已。随着我国互联网技术的发展及应用，场景营销才逐渐显露，慢慢兴盛起来，成为一种越来越时尚的营销模式。

　　做场景营销的关键是要能抓住用户需求，以用户需求构建相应的真实或虚拟场景，进而让用户对场景进行感知，从而产生消费行为。不过，场景营销的成功运用，主要归功于互联网的兴起和普及。因为场景营销模式注重将各类消费品整合在同一消费环境下，使消费形成无缝衔接。这种基于场景连接的消费会给消费者带来更完美的体验，使得消费者更倾向于在这种模式下消费。同时，这种营销模式还会让消费者逐渐培养起一种特定的、适应这种消费的消费心态。

　　场景营销成功的要领是创造有趣的场景，吸引消费者进入场景完成消费。为了满足消费者更多的消费体验，同时也为了唤起消费者适应场景营销的心态，实现多次销售，商家会利用各种技术、机会、渠道等来构建营销场景。例如我们经常在微信朋友圈看到的集赞享优惠活动，就是一种线上的虚拟营销场景；而我们看到的房地产公司与保险公司之间的配合，让消费者选购住房的同时再购买相应保险的画面，就是一种线下的营销场景了。

场景营销倡导的是双赢机制：在为用户带来满意体验的同时，也要为各大商家带来发展的新机遇。场景营销要成功，一个完美的场景构建是必不可少的，因为这样一个完美的场景将会是一个充满活力的引流机，能吸引和带动非常庞大的消费群体。要带动消费，场景的设计至关重要，而且商家越来越注重品牌的投入与带动效果，也力求打造跨界和多元融合的场景营销模式，全场景营销成为场景营销设计的追求。

本书从场景营销的基础知识讲起，对场景营销的设计要点进行了重点呈现，此外还对场景营销的管理工作做出了描述。通过本书，读者可以全面地把握场景营销的内容，从基础知识到场景营销设计，再到场景的现场管理，一系列的讲解定能让读者快速掌握场景营销这一新型营销模式。

场景营销面对的是多人群、多品牌、多渠道、多场景的营销，追求的是生活场景向销售场景转变。相信本书中的理论与案例能够给读者带去更多的启发，帮助读者做好场景营销设计。

目录
CONTENTS

第一章　互联网时代，催生场景营销

场景是一种消费模式 // 002

场景就是人们消费行为的反映 // 006

互联网助力，场景营销时代到来 // 009

以体验为核心，让商业价值瞄准用户 // 013

四大环节，让场景营销真正落地 // 017

【场景说】产品即场景，手机App的营销场景制造 // 021

第二章　方法论指导，场景思维塑造营销布局

场景思维是什么 // 026

借助IBCD工具洞察取舍场景 // 030

三个角度全面洞察，做好场景构建基础 // 035

场景价格方法论，确定产品场景价格 // 042

用充分场景感知来放大产品价值 // 047

发散思维，才能做好场景策划 // 050

场景心法：就是要做场景延伸 // 055

【场景说】场景时代，场景思维赋能产品营销 // 059

第三章　技术做基础，解决场景搭建问题

互联网新型技术为场景构建打好基础　// 064

三大技术手段助力场景搭建　// 068

H5技术，塑造移动体验新场景　// 071

场景环境越全面，场景营销越给力　// 075

利用场景工具增加用户互动兴趣　// 080

【场景说】自媒体盛行下的人格化娱乐场景呈现　// 084

第四章　从场景来源出发，多角度构建营销场景

用户才是场景诞生的源头　// 088

数据最可靠，真实场景虚拟化　// 093

优质渠道，造就完美的全场景体验　// 096

营销内容才是场景的主宰　// 100

品牌：赋予场景营销更多的价值　// 103

最优质的服务，也最能深入用户的心底　// 106

【场景说】优质品牌在场景营销中的进取之路　// 110

第五章　不同的营销模式，满足不同用户的场景体验

LBS场景营销：精准化的消费体验　// 114

O2O场景营销：无缝衔接碎片时间与场景　// 118

O2M场景营销：以体验为中心的全场景消费　// 121

社群营销：造就场景社交营销好口碑 // 125

内容营销：构建个性化营销场景 // 128

【场景说】实体零售店的场景营销新趋向 // 131

第六章 　多元场景跨界，让创意契合造就营销奇迹

以用户为中心，搭建跨界营销场景 // 136

规避竞争，跨界产品才能优势互补 // 139

跨界品牌，发展理念要一致 // 141

消费群体一致，跨界产品才有出路 // 143

【场景说】场景创造，让消费者身临其境 // 145

第七章 　场景化社群营销构建，凝聚社群的力量

场景化社群构建，抓住五个关键点 // 148

物质+精神，合力激活社群 // 154

社群产品——社群变现的基础 // 159

社群文化，实现社群活力的凝聚与维系 // 163

破解中心化，构建多中心化社群场景 // 167

高档次的社群品牌价值，才能吸引用户 // 170

【场景说】社交场景创造出的多元化商业法则 // 174

第八章　场景营销管理，让体验营销落地

场景营销管理的内涵 // 178

从用户期望出发，在竞争下满足客户需求 // 182

整合营销渠道，让价值诞生于协作场景 // 186

洞察用户需求，构建场景营销目标 // 191

移步换景，跟随价值动态把握场景营销 // 196

【场景说】新时代下，商业环境对企业的影响 // 201

第九章　蜂窝状组织连接，场景营销的发展流向

社群重构连接，探索未来商业的爆发点 // 206

蜂窝状组织结构，未来场景营销的主流 // 209

两个核心机制，维系蜂窝状组织构建 // 214

两种战略、三种模式，定义企业未来发展 // 218

未知商业环境下的企业场景管理 // 223

【场景说】组织的演化推动企业发展 // 226

第一章

互联网时代，催生场景营销

在移动互联网时代，传统的广告营销失去了足够的效力，新型营销模式正在兴起，比如场景营销、社群营销、流量营销等正逐渐成为营销界的主流。这些新型营销方式更加注重的是应用的拓展和平台的搭建。场景营销作为一种体验式营销，以消费者为中心，更加关注的是消费者在整个营销环境中的消费延伸和体验，力求让消费者在场景营销中获得最大的满足感，让商家和消费者在这样的场景营销中实现双赢。

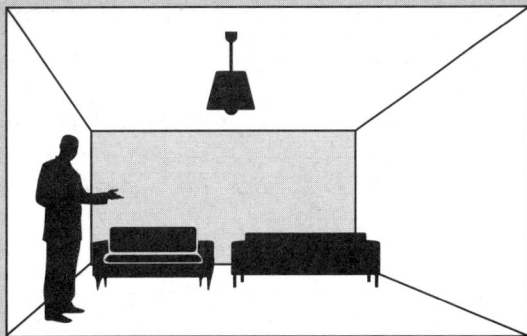

场景是一种消费模式

2015年，除了微信红包成为一大热点，获得了极大的关注之外，场景营销也在这年赚足了热度。各大门户网站、论坛、媒体等纷纷提及"场景营销"这个词。

从成为热点话题到逐渐在实践中广泛应用，这是一个慢慢积淀和酝酿的过程。并且在互联网技术革命的促使下，场景营销开始步入常态化，成为一种实用的商业形态。

◎场景的基本理解

"场景"这个词有些抽象，在营销中它指一种思维方式，就是利用互联网和移动互联网来不断制作和生成场景，将不同的对象连接起来。

在商业范畴中，场景与销售渠道之间不能画等号，也不能将场景等同于供需对接的具体场景。在这里，场景是由人、地点、时间、技术等多重维度构建的一个小世界。这个小世界可以是真实的，也可以是虚拟的。

除此之外，场景也是一种功能体现，其以人为中心，借助互联网和移动互联网来实现高效连接，利用内容来重构产品和用户的连接。

场景的兴起与大数据智能技术的成熟应用紧密相关。商家会基于数据思维来为用户进行画像，将用户的各种表现数据化，数据思维指导商家重新认识用户，数据成为用户消费面貌的反映。而人们对移动设备的依赖，以及AI、VR、AR等技术的成熟，更是将用户包围在了一个数据网络中，在这个数据网络中，人们的各种消费行为可以进行有效的连接，这就为商家的场景制造提供了非常宝贵的原始资料。那么，在有了基础之后，场景是如何产生的呢？

　　例如，社交软件微信中的"微信运动"功能以及一些其他运动App通过定位运动位置、记录用户步数、运动天数打卡、与好友PK等模式来激励用户运动。这就使得单纯的运动演化成包含诸多场景的运动体验。

◎场景的六大要素

　　场景的产生与其六大要素是分不开的。场景的六大要素可以概括为表1-1中所示的内容。

表1-1　场景的六大要素

六大要素	具体内容
人物——谁	性别、年龄、职业、爱好、过去的习惯、当下需求等
时间——在什么时候	季节、节庆、日期／星期、白天／晚上等
地点——在什么地点／去了哪里	地理位置、国家、城市、街区、楼宇等
环境——在什么样的环境下	信息环境（图像、声音、气味……）、周围人群／人群关系等
行动——做了什么	线上或线下有目的或无目的的购物、饮食、等候、交流询问等
结果——产生了什么样的结果	停留、离开、消费等

　　在场景的构建过程中，这六大要素是必不可少的。场景六大要素的存在与延伸为商家提供了制造场景的无限可能：在任何时间、任何地点，商家都可以

根据人物的具体行动来制造营销场景。

◎了解场景，为场景应用打好基础

场景是其六大要素相互作用的结果，一般有以下几个特征。

1. 场景的功能性

每一个场景都有相适应的综合商业环境。场景本身的商业环境会对顾客进行选择。比如说商场汇集了购物、美食、游戏、电影等功能，凭借这些功能，就能将相应的顾客吸引进来。

2. 场景的周期性

场景会因为时点的不同而有不同的变化，不同时间的作用下，场景对顾客的吸引力会有差异。例如冬季的户外滑雪运动会制造出一个营销场景，而冬季一结束，这个场景的再次出现就只能等到下一个冬季。

3. 场景的公开性

在任何场景中，人们的行为都是公开的，甚至可以被量化。比如在一家超市，人们选购最多的物品就是维持基本生活的物品，如米、面、油、肉、蛋、奶等，这些都是公开的、可以被发现的。

4. 场景的群体性

一部分场景是由一些群体在某个时点制造的。例如快闪活动、节庆期间群体某种统一的行为等，都是群体性的场景。

5. 场景的变动性

人在某些场景中行为会发生变动。这是一种不可预估的变动。例如你本来是在商场选购衣服，但这时正好有熟人告诉你网上同款的衣服更便宜，于是你听从熟人的建议结束这次购物体验，转而到网店进行选购，这种变化就是心理带动的行为变化。

　　营销中的场景来源于人们最基础的生活场景，这样的场景除了具备六大要素之外，还具有一些突出的特征。基于对场景基本内容的认识，我们就能明白为什么场景在营销中占有如此重要的地位了。

场景就是人们消费行为的反映

场景就是消费者的生活场景。我们任何人在某个阶段所处的环境都可以形成场景。例如，周末看电影放松是很多人的选择，我们一般都是先在网上购票，然后直接到电影院取票入场。但是在购票时，我们会在购票页面看到观影美食的有关推荐。而在电影院里，同样会设有零食、饮料等售卖窗口。这其实就是一种场景，这种场景构建的基础取决于人们的消费行为，因为人们在观看电影时通常会或多或少地享用食物。

◎消费者的思考决定其消费行为

消费者多种多样的消费行为归根结底诞生于消费者的逻辑思考和决策。正是因为有思考，消费者才能在生活中寻求舒服的时间、地点等来进行相关的活动。同样，消费者还可以根据不同环境随时调整和修正自己的行为。例如，一些喜好逛街的消费者若是在逛街这个过程中感觉到疲劳，就很有可能去饮料售卖点喝饮料休息，甚至利用这段休息的时间使用手机聊天、阅读、打游戏等。可以看出，人们总是借助其他场景来缓解自己在所处的场景中的不适感，或借助其他场景来丰富所处的场景，使自己在所处的场景中获得更大的满足感和舒适感。

所以，不同场景的产生就源于消费者对场景舒适感的追求，这种追求实际就是消费者行为转变的结果，而消费者行为转变的根源就是消费者的思考。因此，消费者会适时地根据环境条件来修正自己的消费行为。

场景实际上是对消费者行为的一种反映，其表现为一定时间、背景、地点条件下人的活动，而且这种活动倾向于移除不舒适、不快乐的成分，追求更加舒心的成分。

◎消费者的追随效应制造粉丝经济

在互联网时代，移动互联网在人们生活中占据了重要的地位。在互联网日益兴盛的状态下，逐渐产生了粉丝经济。粉丝经济实质上就是指一些商家靠自己积累的粉丝来盈利。借助移动互联网，粉丝可以在短时间内快速集聚，然后快速消费，实现快速的盈利。粉丝经济的兴起，主要是因为互联网时代为人们提供了更加自由的决策空间。可以说，粉丝经济是典型的互联网场景。

但是有一个不足，那就是互联网场景中的粉丝经济缺乏稳定性。这是因为在互联网这样一个场景中，粉丝的稳固性很差，吸引粉丝的对象又很多，粉丝的消费行为存在很多的不确定性。这就导致互联网场景的动态变化非常激烈，新场景可能随时出现，旧场景也可能随时消失。

◎场景是存在边界的

人们行为的多样性让生活场景变得多样化，有共同需求和爱好的群体会尽可能地聚集在一起，存在不同需求的群体会关注不同的消费层面，这就形成了不同的场景，但是这些不同的场景其实是存在边界的。

那么，场景的边界是什么呢？例如，对各类社交软件来说，不同的软件是基于不同的要素构建场景的。就微信而言，其形成的场景就比较宽泛了，可以分为朋友群、商业群等不同社群；而陌陌则是一款基于地理位置的社交工具，其将重点放置在认识周围环境中的陌生人上，地域特征非常明显。所以，定位差异使得同一类产品形成的场景存在边界，如图1-1。

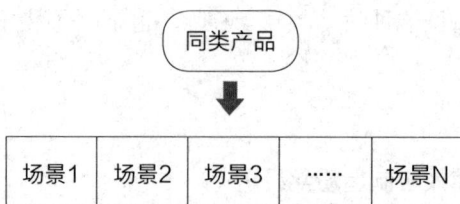

```
            ┌──────────┐
            │  同类产品  │
            └──────────┘
                 ↓
┌───────┬───────┬───────┬────────┬───────┐
│ 场景1 │ 场景2 │ 场景3 │ ······ │ 场景N │
└───────┴───────┴───────┴────────┴───────┘
```

图1-1　同类产品所形成的场景

对同一种产品而言，其同样可以形成不同的场景。例如，华为手环可以在不同的场合（学校、运动场、公园、马路等）形成不同的场景，场景的环境不同，运用这些场景的商业模式也会表现出不同的形式，即不同的边界，如图1-2。

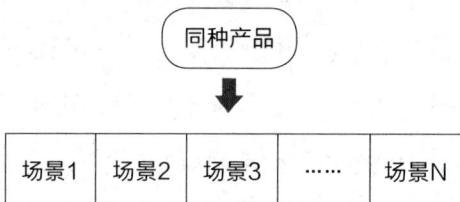

```
            ┌──────────┐
            │  同种产品  │
            └──────────┘
                 ↓
┌───────┬───────┬───────┬────────┬───────┐
│ 场景1 │ 场景2 │ 场景3 │ ······ │ 场景N │
└───────┴───────┴───────┴────────┴───────┘
```

图1-2　同种产品所形成的场景

所以，每一个场景都是有边界的。在一定程度上，场景的边界决定了场景的应用范围。但是场景的边界也是可以被扩充的。例如，微信最开始只是简单的社交软件，拥有的功能较少，但是随着微信的不断优化，购物、外卖、打车等平台加入微信所构建的场景后，微信原有的基础场景就被拓宽了，内容也更加丰富了。因此，场景虽然是有边界的，但是这种边界是一种有效边界，其可以通过内部信息的交流与共享达到进一步的完善。

互联网助力，场景营销时代到来

在移动互联网的快速发展和普及下，传统的流量营销模式出现了一些不适应，其在营销市场中的作用开始减弱。而场景营销却在这种关键时刻被激活，获得了前所未有的发展机会。在移动互联网的驱动下，场景营销逐渐占据营销市场的主要地位，成为一种更加有效的营销模式。

◎场景营销的含义

作为一种营销模式，场景营销将营销方式与人们的生活场景结合起来，从而让商家实现营销目的，让消费者获得最佳体验。场景营销的核心就是要抓住具体场景下消费者所具有的心理状态和需求，也就是利用场景来唤起消费者在该场景下的心理状态和需求。

场景营销一般具有很好的营销效果，这与其具有以下特点是分不开的，如图1-3。

场景与人们的生活紧密结合，能达到广告的目的，满足人们的心理期待，解决消费者的选择困难，等等。可以说，场景营销的出现很好地解决了人们生活中的一些问题，也引导着人们改变已有的生活方式来追求更好的生活。

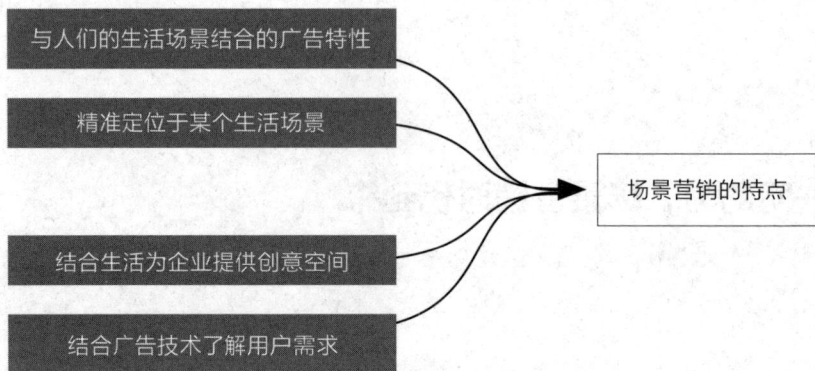

图1-3 场景营销的特点

例如,上班族经常要面对加班的情况,忙碌了一天的人们还会有多少精力来继续加班呢,尤其是加夜班。于是红牛功能饮料别出心裁,将生活中的加班情景与喝红牛功能饮料结合起来,打出相应的广告语。有了这么贴近生活的广告情景,上班族平常加班时自然而然地会想到红牛功能饮料。这就是一种场景营销,结合生活,用生活情景来引导人们消费。

◎常见的场景营销镜头

如果按生活场景来划分,场景营销可以分为两类:一类存在于现实生活中;一类活跃在互联网的使用中,可以分为PC场景营销模式和移动场景营销模式。

镜头一:现实生活中常见的场景营销。

在实际的生活中,当我们走进超市,我们发现,货物都井然有序地排列着,同类商品差不多都在同一排货架上,相关联产品往往也不会离得太远。例如,所有的食物会集中在某一个区域,我们可以按购买顺序走下去,轻而易举地找到自己需要的食物。

镜头二：PC场景营销。

PC场景营销一般存在于电脑端，是基于人们的网络行为而产生的，其以"兴趣引导+海量曝光+入口营销"为模式。例如，我们通过搜索引擎搜集资料时，系统会自动根据我们的搜索词条、浏览频率等推送相关的资料信息，让这些信息的曝光量持续增加。

镜头三：移动场景营销。

移动场景营销一般借助手机和移动互联网完成，因而具有很好的移动性。此外，移动场景营销能与消费者随时随地建立联系，商家可以在任意时刻与消费者进行互动，而消费者可以在任意场景的触动下发生购买行为。

◎**互联网时代场景营销的特征**

1. 场景呈碎片化

人类行为的不确定性加上互联网具有连接一切的功能，使得基于互联网衍生出的场景具有无限的可能，表现出高频率、快速化等特点。而且人类行为与互联网的关系更加紧密，在任何细碎的时间中，人们都愿意享受互联网制造的这些场景。

2. 场景表现出高迭代性

互联网模式下的商业场景建立在商业模式的周期中，不同场景必然会跟随商业周期进行切换。所以对于商家来说，其商业场景会经历频繁的迭代，而且为了最大可能地吸引消费者，每一次迭代会通过不同的路径来实现。

3. 场景的边界融合表现出无序性

在互联网时代，规模经济被划分为更加细小的经济体，其打破了原有经济体，同时又融合了其他经济体，一切以营销为最终的目的，所以各种各样的场景被构建。由于跨界频繁，不同场景间的差异逐渐模糊化，反而表现出混搭的感觉。

4. 场景定位跟随互联网发展的节奏

互联网技术进入了一个快速发展的阶段，而竞争也变得更加激烈，为了快速寻找特色场景、构建特色商业模式，商家的场景构建就必须与互联网技术的发展达到协同，这样才能跟上发展的大潮。

5. 场景最注重的是体验

场景的构建就是为了带给消费者完美的体验，通过体验来刺激消费者消费，进而让消费者对这种营销场景形成依赖心理，使消费者在任何时间进行消费时都可以自然而然地想到并选择该种场景。场景营销，就是让消费者满足感增强的心理营销。

以体验为核心，让商业价值瞄准用户

在场景营销中，最看重的就是带给客户完美的体验，这样才能实现最大的商业价值。但是要构建以体验为核心的营销模式，还需要借助其他的板块来完善场景营销。这样的助力板块有场景连接——注重场景融合，大数据——积累线上、线下数据用于画像，社群场景——构建社群、优化场景运营。这些板块有效地配合就能有效实现场景营销的体验追求。

◎场景细节最能提升用户体验

消费观念的改变使得人们对消费品的追求已经超越了对质量的追求，提出了更多延伸追求，这种追求甚至可以上升到美学的高度。例如，人们希望各类手机App画面看着舒服、登录便捷、内部板块设计简洁、提供使用福利等，这些都在表达着用户对体验的追求。可见，只有提供完美体验场景的产品才能赢得客户的信赖。

所以场景营销的设计必须注重场景细节的完善，也就是在场景营销细节方面需要注重以下三个要素，如图1-4。

图1-4　场景营销设计需要注意的三要素

下面以支付宝为例来说明场景细节对用户体验的影响。支付宝的自动充值功能极大地方便了用户进行电话缴费，这使得到营业厅进行现场缴费的情形逐渐淡出了人们的视野。在支付宝页面，用户只要找到并进入"充值中心"，选择"自动充"，来为自己或亲人的电话号码开通自动充值，就可以在话费低于设定值时进行自动充值，避免错过缴费，手机停机。

支付宝的自动充值设计就是对该软件细节的放大，使得支付宝成为很多用户必备的手机App。还有各类手机品牌中的指纹识别、人脸识别等，都是一些非常细小的场景设计，但是非常精妙，能给用户与众不同的体验。所以，细节对改善一件产品的营销场景和提升用户体验具有重要的作用。

◎三大协调板块助力场景完善

在完善场景营销的细节之外，商家还可以利用场景连接、大数据和社群场景来进一步完善场景营销，让商业价值更加突出，更能瞄准客户。

1. 场景连接，让多场景实现融合

在互联网技术的牵引下，越来越多的场景之间有了奇妙的联系，这种联系的出现反而更加有利于场景营销的丰富和展开。在这样的场景中，用户可以进行深入的场景利用，还可以随时切换场景，让场景体验感持续增强。

例如，就社交软件微信而言，其已经不限于通信交流的用途了，而是逐渐融合成了一款一体化的软件。因为我们看到，微信的支付板块现在已经涵盖了很多的内容，除了腾讯提供的服务（充值、缴费、理财等），还有第三方提供的服务（购票、外卖、打车等）。我们只需要一款软件，就可以随时在各个消费场景之间切换。

这种适时的场景融入营销的模式巧妙地避开了单纯营销的功利性，反而更人性化，潜移默化地影响了用户的消费欲望。可以说，这种场景的融合将相差较远的场景连接在一起，使消费者的消费环节充满了乐趣，让商家的营销更加便民化，贴近生活。

2. 大数据技术有效利用线上、线下数据

在互联网技术深入场景营销时，大数据技术也让场景营销变得更加高效，这主要表现在大数据技术对线上、线下数据的利用。用户的性别、年龄、消费水平、爱好等可以让商家精准地画出用户画像，从而使场景营销变得更加精准。

例如，面对电影娱乐消费时，我们除了看电影以外，还可以享受一些关联的娱乐消费体验，例如聚餐、唱歌等，这也就是为什么在商场中电影院跟美食楼层之间的距离那么近，而且电影院的布局中一定会包含一些饮食窗口。这种营销场景就是基于大数据分析而进行的场景布置。

3. 构建社群，优化场景运营

在互联网时代，营销社群构建已经远远不止线下会员的设定了。商业开始借助各种平台、各种软件进行线上社群构建，这样可以打造出更加完整的营销渗透系统。

例如，微信、微博、抖音、快手等平台已逐渐成为各大商家营销和推广的重要渠道。低成本的营销投入再加上产品的优质，可以在短时间内凭借浏览量的增加快速传播，吸引大量的粉丝，进而形成社群效应。

完美的场景营销可以带来很大的利益价值，成功的场景营销背后都有一个非常强硬的社群。社群往往会有一些标签化的特征，这样就可以非常方便地进行用户画像，从而让场景营销的精准化得到提高，更好地契合用户的需求，从而让用户获得更好的体验。

四大环节，让场景营销真正落地

借助互联网技术的发展，场景营销越来越丰富，而且场景营销更符合当下人们的消费习惯。一般实现一次完整的场景营销要经历四个环节，分别是场景定向、用户定向、行为定向、媒体和内容策略定向。这四个环节环环相扣，层层递进，只有在完成前一环节的基础上才能进阶到下一环节，最终完美地实现场景营销。

◎场景定向是场景营销的基石

场景定向就是要根据用户随时随地的需求给出合适的营销契机。例如，各款外卖软件会根据人们在不同时间的饮食需求推出符合各个时点的餐食：在早上推出各类营养早餐，到了中午推出丰盛的午餐，下午的时候会有下午茶等休闲食物，晚餐时间会有美味晚餐，甚至到了深夜还会有夜间专送的夜宵。

外卖平台这种服务设定的基础就是人们的时间日渐碎片化。它利用人们在碎片化时间内的特定需求推出相应的餐食服务，不仅满足了客户的饮食需求，同时也让商家充分地利用了时间，实现了经营的优化。

这种场景定向可以潜移默化地影响人们的认知，引发人们的好奇心和消费欲望，使得商家轻松挖掘出潜在用户。因此，场景营销首先要确定场景定向，它能为后续活动的打造奠定总的方向和基调，是整个营销活动开展的基石。

◎用户定向有利于精确锁定用户

用户定向就是企业将自己的客户定位在哪些人群上，为完成用户定向，企业首先需要通过对用户的分析设定出大的用户分类框架，然后追踪创意广告初步投放后的数据并不断修改用户画像，逐渐完善对用户特点的分析，然后将用户的这些特点应用到后续的创意宣传中。在用户定位中，调查分析是非常重要的环节，只有通过有效的市场调查才能获得用户数据，进而清晰地确定自己的用户定位。

在互联网模式的场景营销中，企业要做到精准的用户定位，就需要使用以下移动互联网的信息流广告投放的闭环流程来吸引用户：分析用户→设想用户画像→创意宣传→修正用户画像→数据追踪→线上投放。

用户定向分析广告投放之后，企业就需要根据广告的回馈来进行以下两个方面的工作。

1. 采集用户特征

主要包括以下工作，如图1-5。

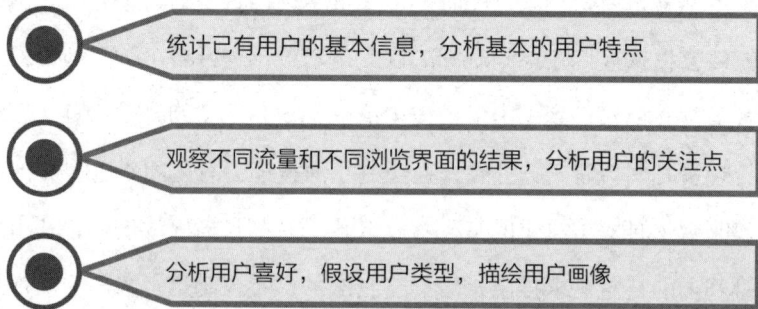

统计已有用户的基本信息，分析基本的用户特点

观察不同流量和不同浏览界面的结果，分析用户的关注点

分析用户喜好，假设用户类型，描绘用户画像

图1-5　用户特征的采集工作

2. 了解产品的受众群体

这时用户画像已经描绘好，企业就可以针对不同的用户宣传自己的产品。比如，面对学生用户时，宣传会聚焦在"小众""经济""有设计感"等词上；面对中老年的中产阶级消费者，产品宣传将更多地定位于"尊贵""沉稳"等风格上。所以在针对不同的用户设计不同的宣传语时要注意以下三个问题，如图1-6。

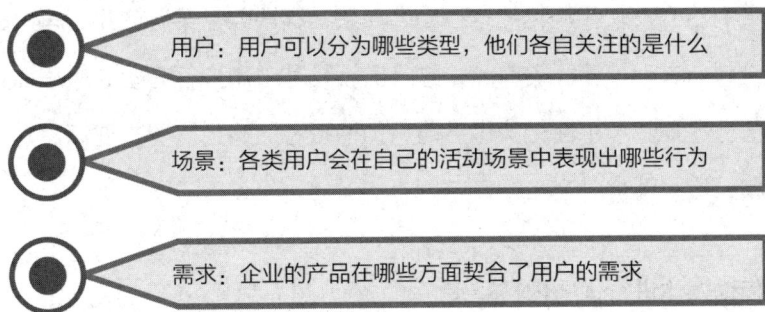

用户：用户可以分为哪些类型，他们各自关注的是什么

场景：各类用户会在自己的活动场景中表现出哪些行为

需求：企业的产品在哪些方面契合了用户的需求

图1-6　宣传语设计时的注意点

精准的用户定向可以帮助企业快速与用户之间建立连接，这对于提高企业的营销效率至关重要，其对于产品投放和营销场景的确定具有很好的帮助，是企业场景营销设计的重要环节。

◎借助数据分析确定用户行为定向

用户行为定向的实现需要通过追踪、分析互联网用户的网络浏览记录，借助数据分析工具对这些记录进行分析，进而确定用户的行为特征，为用户行为定向广告的投放提供依据。用户行为定向广告有以下两个重要的特点，如图1-7。

个性化	基于消费者过去的行为
行为定向广告具有个性化的特点，这就使得每个人在网页上看到的广告有所差异，实现了"千人千面"	通过对网页浏览数据、消费者行为数据、社交软件使用数据等的分析，网站就可以精准地预测用户感兴趣的产品，实现精准投放

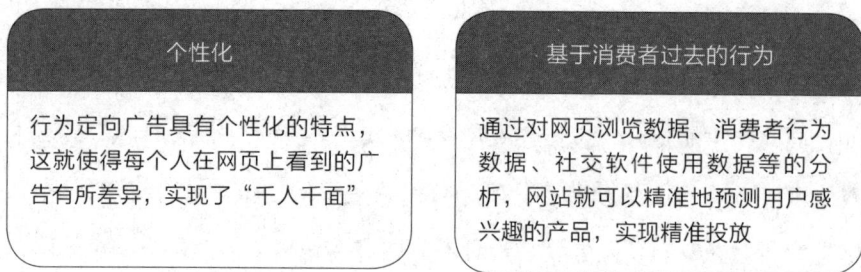

图1-7 用户行为定向广告的特点

我们利用购物软件购物的过程中，如果某次选购了某种商品，再次进入系统，系统就会自动推荐同类商品，这其实就是基于用户行为定向原理而进行的营销服务。这种基于个性化的服务能增加消费者的购买欲望，提高用户的购物体验效率，增强用户对产品的好感。

◎借助媒体进行优质内容宣传

在互联网媒体时代，优质产品有了非常好的发展契机，因为丰富的传播渠道可以让产品进入各类媒体用户的眼中，进而带动一系列的消费。那么这种借助媒体的策略该如何实施呢？我们来看一个例子。

在很多年轻人都喜欢观看的某真人秀电视节目中，安慕希品牌强势冠名该节目的第二季，使得品牌知名度迅速提升，于是安慕希继续赞助了该节目的第三季。在后续的节目中，安慕希甚至启用了全体常驻嘉宾进行品牌代言。在这个过程中，安慕希的市场占有率阔步提升。

安慕希的成功宣传主要在于对媒体的借势，这种利用媒体进行优质内容宣传的营销举措很好地传播了品牌形象，使场景营销实现了最终的落地。

【场景说】产品即场景，手机App的营销场景制造

在移动互联网的普及下，手机App成了很多人手机中必不可少的重要工具，尤其是一些社交软件在人群中的使用范围更广，其实这就是一种手机App制造的场景。在有了这样的基础场景之后，就出现了很多的场景营销。例如在一些社交群中，各种营销广告会时不时地出现，当然微信朋友圈同样是这些营销广告施展拳脚的地方。这就是基于社交软件构建的一个虚拟的线上营销场景，而且这种营销场景会在社群转发的助力下得到快速的传播。所以很多人借助手机App所具有的社群传播能力来做营销，让人们无时无刻不处在商家构建的营销场景中。

事实上，手机App除了承接营销场景，本身也是独特的营销场景。例如，一些理财软件设计得特别出彩，登录便捷简单，而且操作页面清晰明了、环环相扣，软件中会有非常丰富和专业的内容，能对市场行情进行专业的分析和预估，会配置相应的解答服务板块等，这对于需要投资理财的人来说是非常合适的软件。如此配置完备的软件，其用户一般较多，而且用户持久使用期限会比较长，卸载概率较小。这就是手机App依靠本身的特色为自己构建的一个营销场景。

今天，我们生活的各个方面都被手机App覆盖和整合了，手机App无时无

刻不在将我们推到线上生活的模式中。例如，一天中我们可能会用到以下这些手机App，见表1-2。

表1-2　生活中常用的手机App

生活环节	相关App
起床	睡眠管理App、闹钟App、天气App等
梳洗	护肤App、美妆App等
早餐	早餐食谱App、外卖App等
上下班通勤	打车App、公交刷卡App、计步App、音乐App、地图App等
午餐及休闲时间	外卖App、拍照App、视频App、支付App等
晚上	社交App、购物App、学习App、游戏App、视频App等

以上这些应该是生活中最常用和最普遍的手机App，当然还有很多与生活各个方面息息相关的App，它们可能与阅读、健身、美甲等有关，也可能与购票、物流等有关，还可能与社交、理财等有关。

在移动互联网的助力下，各类手机App层出不穷，可以说是见缝插针般地渗入了生活的各个环节中。于是，很多商家便借助手机App来宣传自己的产品或直接设计自己的手机App。但是在庞大的手机App阵营中，真正适合用户的、能够被持续使用的、获得用户持续好评的并不是很多，用户愿意安装的都是一些操作便捷、能真正满足生活需求的手机App。

所以商家在借助手机App营销时，一定要根据用户的需求构建出完美契合的场景，这样才可以打动消费者，进而获取用户的认同，实现营销。通过对一些基于场景营销而设计的成功的手机App的研究可以发现，这些手机App特别注重以下两方面的设计，如图1-8。

实际场景的构建

借助现实的生活场景，以解决人们生活中的某些问题为切入点，为具体的场景而生，能够充分满足用户在现实中的需求，具备更高的使用黏性和频度

—○01

02 ○—

社群生态的营造

更注重以人为中心的社群生态营销，除了能够与人进行连接之外，还注重产品上人际关系场景的构建。这能够让这些手机App具有更大的共享价值，也就是场景即产品，产品即社群

图1-8　手机App在设计方面的注重点

此外，要设计一款能被用户接受的手机App，还需要注意以下这些问题。

1. 在不同的场景，同一产品的需求深度不同

当用户处在不同的场景时，其对产品的需求深度会有不同，甚至对于不同性别的用户，同一款产品带给使用者的体验也是不一样的。例如一些手机具备单手触屏功能，如果手机屏幕设计得比较大，那么对于手比较小的女性来说，体验可能不佳，若是手机还具备单手触屏的快捷键，就可以快速解决这类问题。

2. 自己先深入场景进行体验

商家在设计一款手机App产品时，需要全方位对产品进行考虑，进行多维场景的分析。当然，要检验一款产品设计的好与坏、实不实用，还需要商家站在用户的角度进行深入的体验，这样更能从专业的角度发现问题，从而达到解决问题的目的，进而设计出更完美的手机App产品。

3. 功能要彻底，场景解决要全面

要想让一款产品达到完美的地步，那么在设计的过程中，商家一定要注重细节的完美，这样才能让用户有完美的体验。这就需要商家在产品的功能上下

功夫，全面考虑场景、彻底优化功能。

　　如今，面对广阔的市场环境，用户的选择非常多，为了抓住客户的眼球，企业的产品设计需要将更多的视角放在用户身上，以用户在场景中的核心需求为产品设计的出发点，这样才能实现更好的场景营销效果。

第二章

◎

方法论指导，场景思维塑造营销布局

◎

生活中有些非常有趣的现象。例如，在星巴克总是遇到一桌桌谈生意的人，我们自然就会将星巴克与商务联系起来；同样，单向街的咖啡店会布置很多的书架，喝咖啡的人大多会捧着一本书，在这里，我们就将咖啡与文化联系在一起了。类似的现象很多，正是因为这些咖啡馆有各自的特色，所以才吸引了不同需求与爱好的顾客。这是在营销思维的发散下创新出的一种新型营销：为不同需求的顾客提供特定的服务。

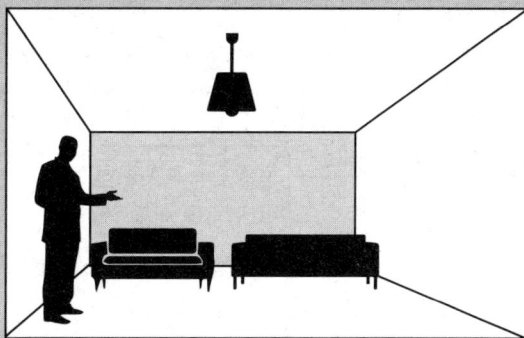

场景思维是什么

进行场景营销需要具备场景思维，场景思维就是利用场景来进行相关问题的思考。在营销的过程中，场景思维下的思考能让问题更加突出和形象化。具备场景思维可以有效地解决营销问题，而且通过构建有效的营销场景，能够连接营销场景，进而使营销渠道实现贯通，从而实现销售。

◎**场景思维的本质**

场景思维的本质可以说是制订场景营销方案的出发点。在场景思维中，其本质表现在以下四个方面，如图2-1。

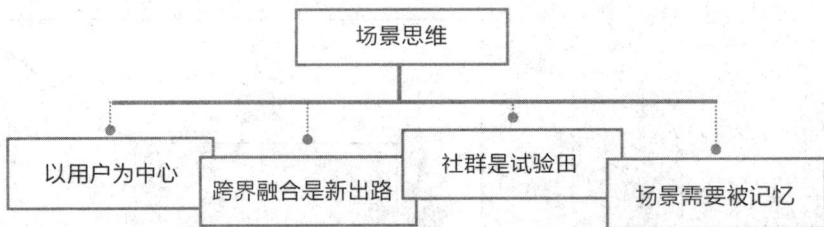

```
                    ┌──────────┐
                    │  场景思维  │
                    └──────────┘
        ┌──────────┬────┴────┬──────────┐
  ┌──────────┐┌──────────────┐┌──────────┐┌──────────────┐
  │以用户为中心││跨界融合是新出路││社群是试验田││场景需要被记忆│
  └──────────┘└──────────────┘└──────────┘└──────────────┘
```

图2-1 场景思维本质的表现

1. 以用户为中心

人们的购物思维一直在改变，因而逐渐演化出了以用户为中心的购物模式。在这种购物模式下，消费者最大的追求就是获得完美的购物体验，而市场也尽可能地满足消费者所追求的这种体验。例如，一些电商平台察觉到了消费者对消费品物美价廉的追求，于是以低于市场价格的模式构建了浩大的电商购物体系，京东、淘宝这样的电商平台从而获得了快速的发展。

2. 跨界融合是新出路

想方设法实现产品、路径等的跨界融合，组合出一种前所未有的消费模式，这对于丰富消费者的购物体验具有重要的作用。例如，扫码骑车、扫码付款等场景的出现极大地方便了我们的生活，让我们体验到了跨界融合带给我们的便捷。

3. 社群是试验田

社群一般是有共同爱好和需求的用户组成的一些社交群体，社群成员之间一般会有比较多的接触，他们通过分享交流，能对某一事物有更深的认识。所以在社群中进行营销，可以看作是一个实验过程。在社群中，商家可以参考社群中的意见，以此完善自己的场景营销构建。

4. 场景需要被记忆

构建场景的最终目的就是让这样的消费场景能在消费者心中留下印象，使消费者在这种场景的心理暗示下自主选择进入同样的场景再次进行消费。

◎以用户为核心进行场景的优化设计

场景营销的场景思维最突出的特点就是将人作为整个场景的核心，也就是以用户为核心来设计和优化营销场景。要构建这种以用户为核心的场景营销模式，在其设计优化过程中需要从以下三个方面着手，来抓住和解决消费者的痛点，如图2-2。

抓住消费者痛点的方法

| 场景应用要直击消费者的痛点 | 用场景体验呈现消费者的痛点 | 打造真实的场景体验 |

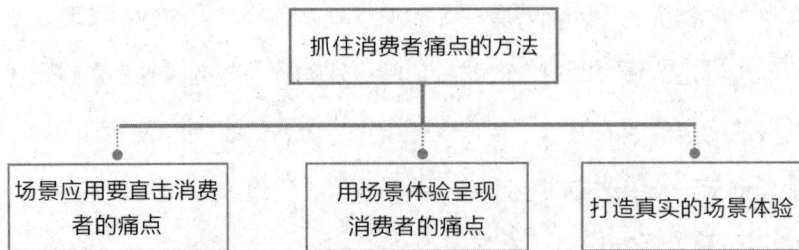

图2-2　以用户为核心的营销场景设计

1. 场景应用要直击消费者的痛点

在内容为王的营销主流中，场景应用所呈现的内容要能够覆盖消费者的痛点，这样的场景才能彻底进入消费者心中。

例如，很多服装品牌会请明星代言，其网店的衣服会打出"×× 明星同款"的宣传语，或者标出"××明星代言"的字样，这会让很多消费者在明星效应的带动下更关注这些款式的衣服。由此，"××明星同款"一般都会成为热卖款。可以看出，这种明星效应的制造，正好回应了消费者的需求，也可以说是抓住了消费者的痛点。

2. 用场景体验呈现消费者的痛点

商家要想抓住消费者的痛点或许并不难，难的是在抓住痛点的同时还要设计场景体验，并让这些痛点得到相应的解决。

例如，对于生鲜食品，消费者的要求就是新鲜，但是因为产地较远，运输距离与运输时间较长等，即使对生鲜食品做了完备的保鲜包装工作，最终到达消费者手中的食物也可能没有那么新鲜了。所以，商家在构建营销场景时，可以将消费者的痛点作为参考，但是并不能仅仅以解决消费者的痛点为出发点来设计场景，而应该做足准备，在解决消费者的痛点的同时带给消费者超乎预期的体验。

3. 打造真实的场景体验

商家要想让消费者在自己构建的场景中完成消费，就应该让消费者在消费行为发生之前先体验到场景。

例如，小米手机一直坚持的是互联网思维，所以其产品大多在线上销售，但是人们对于线上销售的手机还是存在一定的不适应，因为线上销售并不能让消费者在购买之前对一部手机的功能进行体验，这就导致很多人更愿意选择在线下实体店中购买手机。为了解决消费者的这种痛点，给消费者带来更好的体验，小米便打造了线下"小米之家"直营客户服务中心。这是一个可以为消费者提供维修、退换货、硬件检测、咨询体验、软件升级和现场购买等服务的服务中心，同时也是一个小米手机与"米粉"进行深度交流沟通的场地。小米的这种做法，能让消费者在完全知情和后续有保障的情况下对其手机进行消费。这种全流程的场景体验在给消费者带去完美体验的同时，也实现了销售的目的。

借助IBCD工具洞察取舍场景

在场景营销中，场景的三要素——时空、情景、价值将场景进行了完美的概括和界定，即在怎样的时空下、发生了什么事、产生了怎样的价值。为了制造更有价值和完备的场景，我们需要从微观、中观、宏观的角度对场景进行深入的洞察，从而了解消费者在场景中的心理活动、消费习惯，以便我们寻求更好的方法来帮助消费者解决相应的问题，从而使场景实现更大的价值。

◎IBCD工具的简介

场景营销中的场景，也就是一般用户的生活场景和现实工作场景的折射，丰富的用户就注定会有丰富的场景。在场景方法论中，一般会使用IBCD工具来对场景进行取舍。

1. I（Industry）是行业坐标

用来检查行业与场景之间的关联度，如图2-3。行业坐标的衡量指标是差异性和行业性，二者具备其一即可，但是二者兼具更理想。

例如，西贝莜面村推出的"亲子私房菜"场景体验活动将餐饮业与亲子教育结合了起来。这两个行业存在巨大差异，却可以经过设计构建一种新的营销场景，创造出更高的价值。

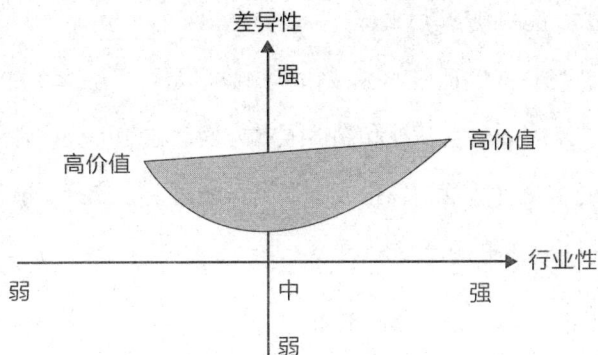

图2-3 行业坐标

2. B（Brand）是品牌坐标

用来检查用户参与度与品牌调性的匹配度，如图2-4。匹配度要是高，则会强化品牌调性，反之则会弱化品牌调性。

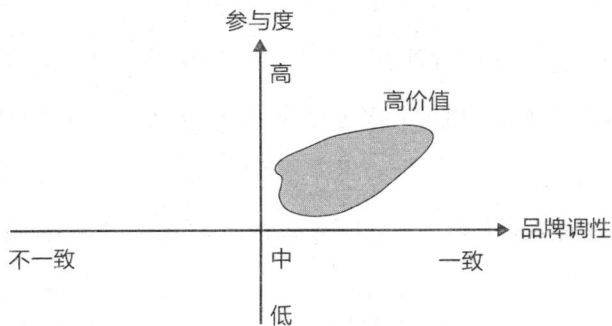

图2-4 品牌坐标

基于品牌坐标，在洞察与设计场景时，要让场景的参与度与品牌调性实现良好的均衡。如果过于强调品牌调性，那么可能会让设计的场景体验远离消费者的期望；如果场景参与门槛过于复杂，那么最终的参与度就不会很高；如果场景体验过于恶俗或严重影响品牌价值，那么即使有较好的参与度，最终的价值也不能实现最大化。

3. C（Customer）是客户坐标

用来检查新场景能够适应的区域和客户数量是否足够大，如图2-5。其检查的维度集中在新场景的普适性和制造成本方面。这是因为，在不同的地域针对不同喜好度的客户打造营销场景成本很高，所以要在充分了解用户的基础上做出取舍，选择更实用的场景进行开发。

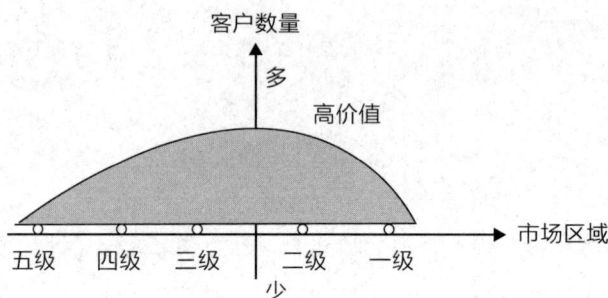

图2-5　客户坐标

4. D（Demand）是需求坐标

用来考察用户的需求强度和需求类别，如图2-6。用户的需求有物质需求和精神需求，也有强烈的需求和中等程度或较弱程度的需求。在这些需求中，场景就是要消除痒点、唤醒盲点，同时再给予尖叫点、爽点和甜点。

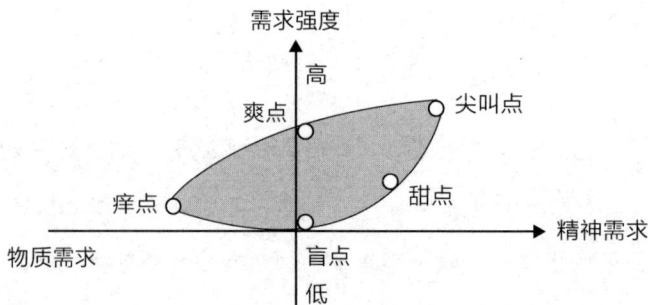

图2-6　需求坐标

在场景中，产品一般都可以满足用户的物质需求，但是对于用户的精神需求，也就是场景带给用户的爽点与甜点，就存在不确定性。所以在制造场景时，不能将我们认为的强需求附加在用户身上，我们要做的就是证明这个需求是强需求，唤醒用户的需求盲点，让其对这种场景形成消费依赖。

◎IBCD工具的综合使用

IBCD工具是建设场景的重要指标工具。在考虑场景建设时，综合运用IBCD工具的指标，就可以在更加全面的场景思维下构建场景。IBCD工具的指标都有各自关注的重点范围，如图2-7，在实际考察场景时，需要对这些指标进行综合的使用，这样就可以设计出更加完美的场景，才能发挥出营销的作用，实现最大的价值。

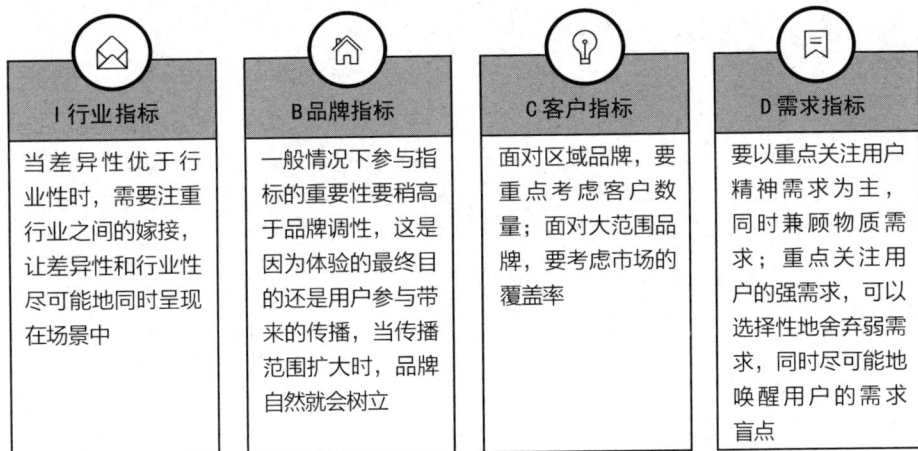

I 行业指标	B 品牌指标	C 客户指标	D 需求指标
当差异性优于行业性时，需要注重行业之间的嫁接，让差异性和行业性尽可能地同时呈现在场景中	一般情况下参与指标的重要性要稍高于品牌调性，这是因为体验的最终目的还是用户参与带来的传播，当传播范围扩大时，品牌自然就会树立	面对区域品牌，要重点考虑客户数量；面对大范围品牌，要考虑市场的覆盖率	要以重点关注用户精神需求为主，同时兼顾物质需求；重点关注用户的强需求，可以选择性地舍弃弱需求，同时尽可能地唤醒用户的需求盲点

图2-7　IBCD工具的具体内容

那么，在使用IBCD工具制订场景方案时，就需要用到以下"IBCD场景方案评定表"，见表2-1。

表2-1　IBCD场景方案评定表

I（行业）		B（品牌）		C（客户）		D（需求）	
差异性	行业性	参与度	品牌调性	客户数量	市场区域	强度	类别
强	强	高	一致	多	大	高	物质
中	中	中	不一致	中	中	中	精神
弱	弱	低	—	少	小	低	二者兼具

对照"IBCD场景方案评定表"，我们就可以确定我们所要构建的场景中对应产品的一些属性。

三个角度全面洞察，做好场景构建基础

场景洞察工作要从微观、中观、宏观三个角度着手，站在不同的角度，会对场景设计有不同的认识。就微观洞察而言，其主要路径是从"线"找"点"、顺藤摸瓜，依次发掘客户在微观层面的需求；中观洞察是"面"层面的洞察，要求将用户和产品这两个层面结合起来进行洞察，解决用户在某方面的需求；宏观洞察就是从产业链或价值链的角度进行洞察，其锚定的是品牌的产业链。

◎从"线"找"点"做微观洞察

微观洞察的路径就是顺着用户的工作方式、生活方式、消费方式以及使用习惯的"线"进行细致探索，发现这些"点"所在的位置是否存在阻碍用户进行完美体验的困境，也就是发现场景设计的机会，然后使用IBCD指标对场景方案进行取舍，确定能给用户带来最优体验的场景方案。

从微观角度洞察场景时，企业可以从图2-8中所列举的各项着手，对客户的基本情况进行了解，这样就能在一个较为全面的微观层面确定场景设计的出发点。

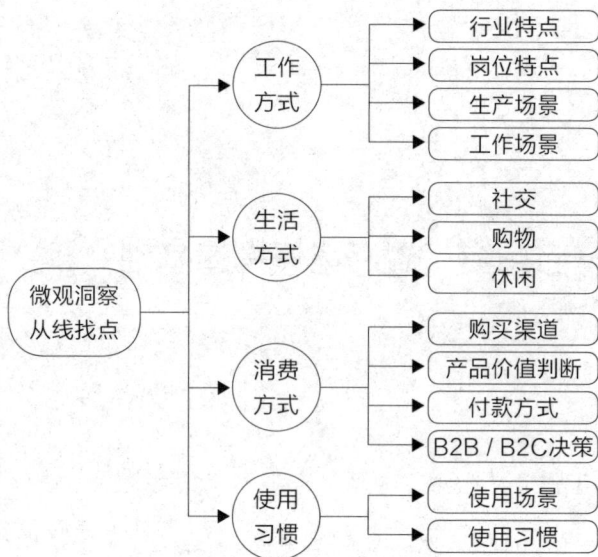

图2-8　微观洞察的着手点

　　我们以百度地图为例，进行用户出行场景的微观洞察。当我们沿着路程、工具、方式这些"线"观察时，就会发现很多的场景：去某个地方的距离是多少、怎么走，驾车、步行、公交、骑行、打车等方案中哪项最优；如果开车，哪条路最畅通，需要的时间是多少；想要顺路加油、用餐、休息，走哪条路；如何向亲友分享自己的准确位置……

　　这样的话，出现在路线中的场景逻辑就可以划分为三个：地点、道路、方式，如图2-9。

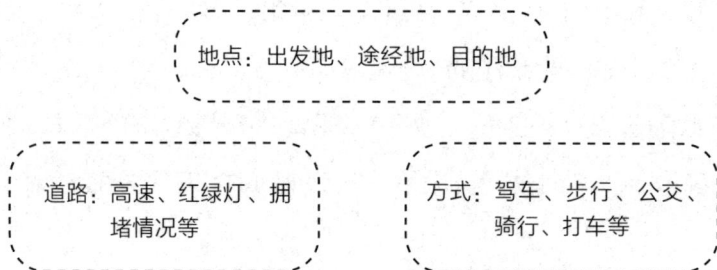

图2-9　百度地图路线中的场景逻辑

这些场景就是一个"点"到"线"的过程：在百度地图的首页，会有2D平面地图、卫星地图、3D俯视图、全景地图以及生活便民地图（充电桩地图、手机门店地图、内部全景地图）等地图模式可供选择；出行方式有驾车、公交、骑行、步行、打车等；一般会有多条线路到达目的地，并且每一条线路还会给出使用相应交通工具需要的时间、费用、距离。如果使用百度地图的"搜周边"，还会发现酒店、美食区、景点、公交站、地铁站、商场、银行、停车场、加油站等众多服务设施。

可以发现，百度地图会从"线"到"点"进行微观洞察，将用户出行所需要的全部场景在App上还原出来。

◎对用户和产品进行中观洞察

用户与产品之间是一种选择的模式：用户会选择产品，而产品能够让用户解决问题、满足用户的需求。在中观层面洞察用户与产品这两个基本面时，需要将它们结合起来，再利用IBCD工具进行场景方案的选择，来确保新设计的场景能够让产品面和用户面很好地契合，满足用户在某方面的消费需求。

进行中观洞察的路径有两条，在这两条洞察路径下，最终的消费场景可用以下公式表示：

产品面+场景+用户面=产品价值=品牌产品（解决需求或冲突）

1. "先用户，后产品"的场景洞察路径

就是按表2-2的内容进行全面的中观场景洞察，然后让产品面和用户面在最终的场景设计中完美契合，给用户一个解决痛点的完美场景方案。

表2-2　"先用户，后产品"的场景洞察路径

洞察路径		具体内容
先用户，后产品	用户观察	消费场景、消费习惯、未被解决的痛点
	产品观察	品牌定位、产品功能与价值、解决用户什么问题

　　我们以江小白酒为例来了解"先用户，后产品"的中观场景洞察路径。作为一款新生代的白酒，江小白酒在设计自己的营销场景时，在用户层面的洞察如图2-10，在产品层面的洞察如图2-11。

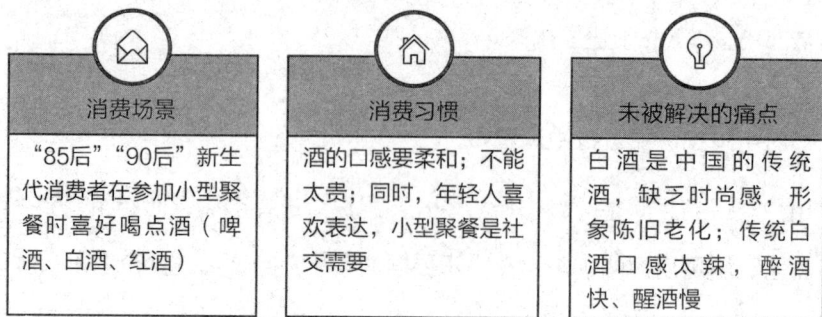

消费场景	消费习惯	未被解决的痛点
"85后""90后"新生代消费者在参加小型聚餐时喜好喝点酒（啤酒、白酒、红酒）	酒的口感要柔和；不能太贵；同时，年轻人喜欢表达，小型聚餐是社交需要	白酒是中国的传统酒，缺乏时尚感，形象陈旧老化；传统白酒口感太辣，醉酒快、醒酒慢

图2-10　江小白酒在用户层面的洞察

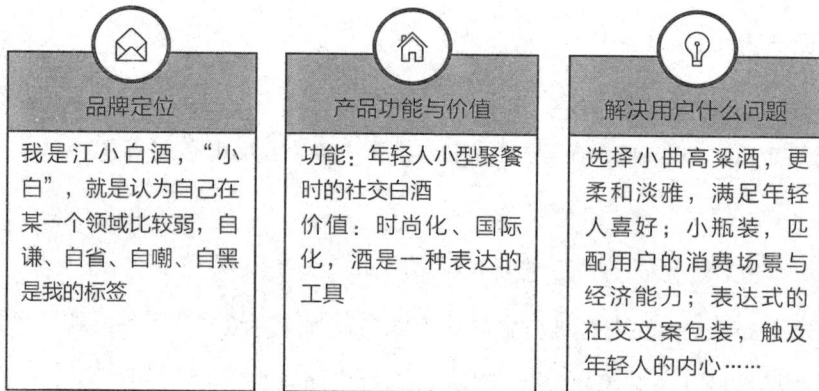

品牌定位	产品功能与价值	解决用户什么问题
我是江小白酒，"小白"，就是认为自己在某一个领域比较弱，自谦、自省、自嘲、自黑是我的标签	功能：年轻人小型聚餐时的社交白酒 价值：时尚化、国际化，酒是一种表达的工具	选择小曲高粱酒，更柔和淡雅，满足年轻人喜好；小瓶装，匹配用户的消费场景与经济能力；表达式的社交文案包装，触及年轻人的内心……

图2-11　江小白酒在产品层面的洞察

于是，最终江小白酒就有了这样的表达公式：

产品面（小瓶、高粱酒、包装文案）+场景（小型聚餐）+用户面（口感、时尚、表达）=社交白酒=江小白酒（解决社会需求）

2. "先产品，后用户"的场景洞察路径

也就是按表2-3的内容进行全面的中观场景洞察，先看市场上的产品，再看用户的新需求，最后考虑对产品进行哪些升级才可以更好地满足用户的新需求。

表2-3 "先产品，后用户"的场景洞察路径

洞察路径		具体内容
先产品，后用户	产品观察	有哪些产品、老产品的特性、国外新产品
	用户观察	新需求、新痛点、新场景

我们以每日坚果为例来了解"先产品，后用户"的中观场景洞察路径。零食是很多人生活中必备的休闲食品，这就意味着零食在食品产业中占据着重要的地位。那么该如何在食品行业打造一款有特色的休闲零食呢？每日坚果在产品层面的洞察如图2-12，在用户层面的洞察如图2-13。

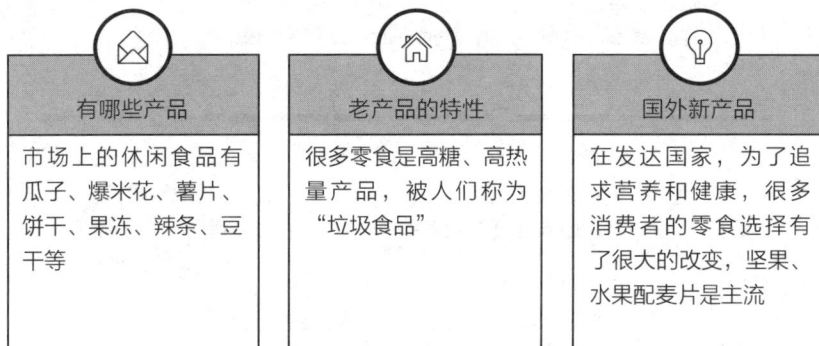

有哪些产品	老产品的特性	国外新产品
市场上的休闲食品有瓜子、爆米花、薯片、饼干、果冻、辣条、豆干等	很多零食是高糖、高热量产品，被人们称为"垃圾食品"	在发达国家，为了追求营养和健康，很多消费者的零食选择有了很大的改变，坚果、水果配麦片是主流

图2-12 每日坚果在产品层面的洞察

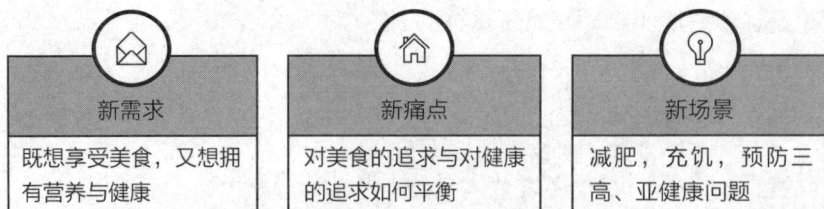

新需求	新痛点	新场景
既想享受美食，又想拥有营养与健康	对美食的追求与对健康的追求如何平衡	减肥，充饥，预防三高、亚健康问题

图2-13　每日坚果在用户层面的洞察

于是，每日坚果就有了这样的表达公式：

产品面［坚果（营养）＋干果（美味）］＋场景（减肥，充饥，预防三高、亚健康问题）＋用户面（美食＋健康＋营养）＝健康零食＝每日坚果（解决美食与肥胖等亚健康问题之间的矛盾痛点）

◎ 从产业链着手，瞄准价值链进行宏观洞察

宏观场景洞察主要从"体"出发，在产品的研发链、供应链、顾客关系链中寻找商业机会，以价值链组织者的身份进行场景洞察。

如今，传统行业的生产、流通、零售、消费四个环节已经不再各自独立，其逐渐表现出以下特性，如图2-14。

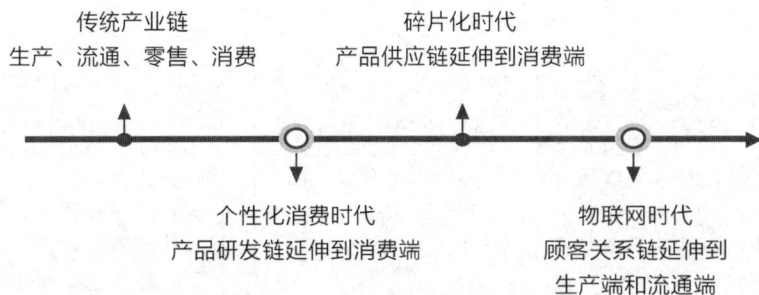

传统产业链
生产、流通、零售、消费

碎片化时代
产品供应链延伸到消费端

个性化消费时代
产品研发链延伸到消费端

物联网时代
顾客关系链延伸到
生产端和流通端

图2-14　传统行业所表现出的特性

在这样的产业链变革下，一般通过以下两种方法来从产业链中寻找商业机会，如图2-15。

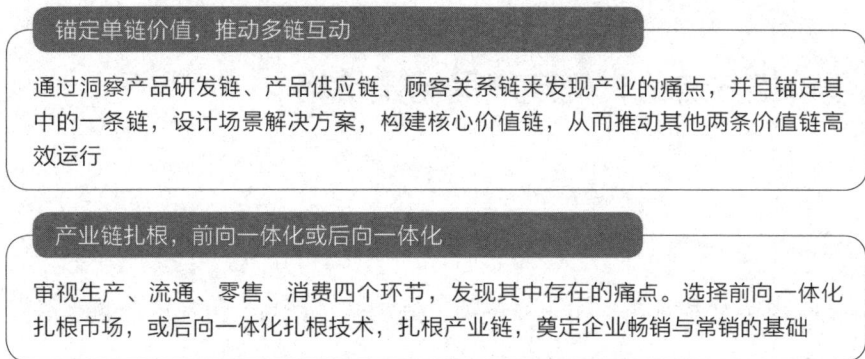

锚定单链价值，推动多链互动

通过洞察产品研发链、产品供应链、顾客关系链来发现产业的痛点，并且锚定其中的一条链，设计场景解决方案，构建核心价值链，从而推动其他两条价值链高效运行

产业链扎根，前向一体化或后向一体化

审视生产、流通、零售、消费四个环节，发现其中存在的痛点。选择前向一体化扎根市场，或后向一体化扎根技术，扎根产业链，奠定企业畅销与常销的基础

图2-15 从产业链中寻找商业机会的方法

例如，以纯服装品牌为了用优质的设计促进服装销售，从产品的研发链着手，"围绕设计和用户做场景贡献，深化产品研发链"。

于是，以纯服装集团组织了全国的400多位独立设计师一起做研发，将设计师的作品打样后，再由设计师带着样品到全国各地的门店与消费者沟通，了解各地年轻消费者的个性、需求、建议。以纯服装研发链的场景解决方案表达公式如下：

工厂（以纯）+产品创意（设计师）+市场调研（消费者）=以纯产品研发链

场景价格方法论，确定产品场景价格

在场景营销模式下，由于场景模式的加入，产品价值在这样的营销模式中发生了重要的变化。这是因为，对于一件产品来说，如果加入重新构思的场景，那么其所代表的价值可能就不仅仅是表面的价值，还有更深层次的隐形价值，也就是场景常给人们的精神享受与满足感的价值。因此，场景营销模式下，由于产品的价值提升，就需要对产品重新定价，这就需要场景价格方法论的指导。

◎产品定价基本说

一般意义上的产品定价理解是比较简单的：产品的价格，就是其成本价加毛利。但在严谨地确定产品定价时，还应考虑到品牌定位、市场机会、产品特色以及用户感受。正是基于这种严谨的定价体系认知，才有了不同的客户群体、竞争对手、企业内外部利润的分配，甚至核心资源的配置。

定价决定着企业的经营收入和最终获得利润的大小，定价也决定着价值链各方参与者最终的受益程度。就定价而言，其经历了三个阶段：成本价格（4P营销理论）→心理价格（4C营销理论）→场景价格（AF社群营销理论），如图2-16。

时代	供需平衡时代	丰饶时代	休闲时代
厂商	成本价格 成本+毛利比较恒定	心理价格 消费者愿意支付的心理成本可高可低	场景价格 成本价格+场景价值点场景溢价
消费者营销理论	为效用买单 4P	为心理买单 4C	为享受买单 AF

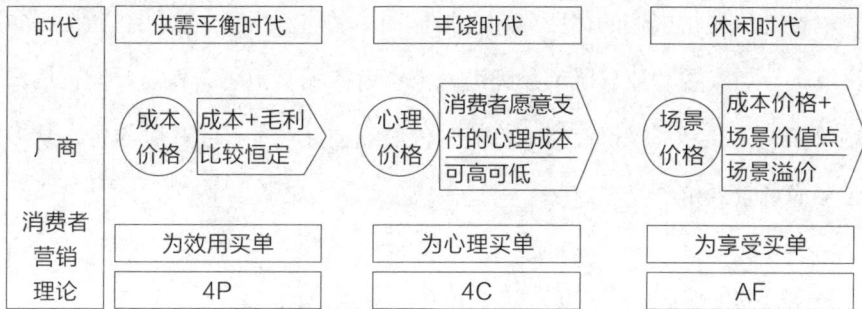

图2-16 定价的三个阶段

定价体系经历这样三个发展阶段之后，进入以场景价格为主的休闲时代，人们的消费理念也开始升级，物质利益与精神利益重合的价值体验消费成为主流，也就是人们愿意为自己得到体验快感买单。在这样的消费环境下，如果产品和服务能够在特定的场景下给予消费者价值点的价值，那么产品就算是体现出了场景价格，如图2-17。

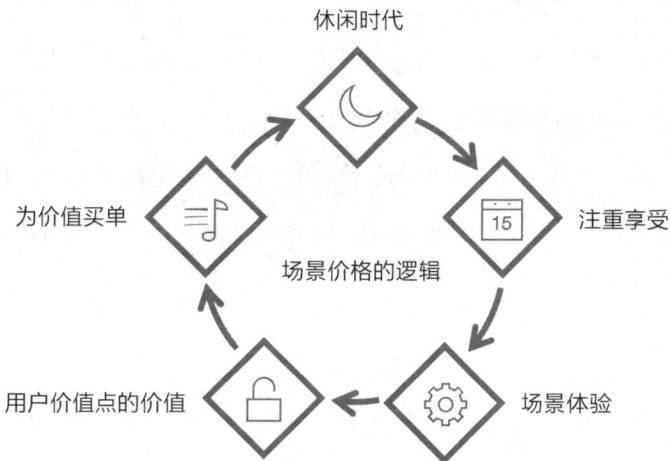

休闲时代

为价值买单

注重享受

场景价格的逻辑

用户价值点的价值

场景体验

图2-17 休闲时代的场景价格的逻辑

消费升级使得人们的消费更加主张享受（品质、工艺、功能、精神层面的愉悦等）。商家要想让自己的品牌进入消费者的消费范畴，就需要设置用户体验场景，充分展示场景价值点的价值，价值点会让产品产生品牌溢价，其最终就会形成场景溢价。

场景溢价=场景价值点的价值（物质价值+精神价值）

例如，可口可乐设计的"鹿"音瓶告白装，其预售价格高达99元／瓶。这样高的定价基于可口可乐设计的营销场景，因为这种告白装的瓶盖上有一个迷你录放机，消费者可以将自己想要告白的话录在录放机中，当对方打开瓶盖时，录放机就会播放录音。这种营销就不只是产品的营销，其实更是场景的营销。

◎**确定产品场景价格**

产品场景价格就是成本价格与场景价值点的和，要对产品进行场景价格的确定，需要借助场景价格方法论来实现，如图2-18。

面对具体的产品，在确定其场景价格时，就要借助场景对产品或品牌的价值点进行充分展示，让物质价值点用户得到效用满足，让精神价值点用户得到愉悦。

成本价格 **+** 场景价值点 **=** 场景价格

图2-18 场景价格方法论

在场景价格方法论的基础上，我们可以通过以下的一些途径让产品在借助场景满足用户需求的基础上完成场景价格的确定。

1. 挖掘渠道价值点，提供精神满足

为了满足用户购物过程中的三问（买什么？在哪买？为什么买？），我们可以从以下角度着手，如图2-19，对产品的价值点进行展示。

通过对用户展示产品的价值识别点实现场景价格定价

同一产品在不同的营销渠道下，消费者愿意支付的价格会有差异，这是因为销售渠道具备价值识别的功能。例如，同样的烟酒，当其进入高档酒店之后，价格就会变高，这就是场景赋予其价值点作用的结果

借助渠道的场景价值实现场景价格定价

当场景需求发生在营销渠道时，营销和满足消费者需求会在同一时间完成。在这种营销渠道中，消费者会主动靠近，渠道内会有特定的场景设置，产品还能立即满足消费者需求，产品渠道与消费渠道达到了完美匹配。例如，可以参考高速公路服务区的场景体现产品的场景价格

图2-19　产品价值点的展示角度

2. 提供场景解决方案，消除消费者的痒点

当产品能够专注于某个特定的消费场景，为用户提供场景化的痒点解决方案时，就能让产品体现场景价值。例如，各种产品改变包装来适应不同场景的消费需求，这既是一种场景解决方案，同时也能让产品体现场景价值。

利用价值点制造愉悦感。这就要求以产品为道具，通过制造或借助场景话题来为其附加价值，进而让用户得到愉悦感。例如，小茗同学饮料通过制造场景文案话题，让用户在享用饮料的同时得到附加的愉悦体验，从而完成场景价格核定。

◎场景价格核定方法

虽然出奇的场景设计能够吸引消费者为这样的场景价值点买单，但是，这个价值点到底值多少钱呢？这就需要对场景价格进行核定，我们可利用如下公式来核定场景价格：

场景价格=成本价格+场景附加值（场景成本×品牌认知×顾客需求度）

这里的场景成本是指产品分摊的场景制造成本，其可能是制造成本（物料成本、人工成本等），也可能是特殊渠道的新增或购买成本。品牌认知是指品牌的知名度、在行业内的影响力，其最高值为1。顾客需求度是指顾客对该场景的需求程度，可以分为三级：一级为需要，用数字1表示；二级为喜欢，用数字2表示；三级为渴求，用数字3表示。

利用场景价格核定方法核定场景价格时，还需要注意以下这些点。

1. 结合时代消费特征与品牌特性

不同的时代会有不同的消费特征，产品的场景价格要根据时代消费特征和品牌特性来确定。

2. 结合时代消费习惯，用户体验与产品价格相匹配

现在是休闲消费时代，人们在消费时，更加注重产品品质和体验感，高品质和完美体验要有与其相适应的价格。

用充分场景感知来放大产品价值

对产品进行营销场景的构建，能够将产品的价值放大。这主要表现为：在营销场景下，品牌被赋予了更多的价值，而这样的价值正好可以为产品提供溢价；场景是产品价值的放大镜，可以用更大的价值来唤醒消费者的消费欲望；场景也是让产品与用户实现有效连接的连接器。

在移动互联网时代，为了让产品物有所值，充分展示其价值，就需要借助场景来对产品价值进行放大，以吸引更多的人参与到场景体验中。

◎让用户感知到产品价值

为了让用户充分感受到产品的价值，就需要设置场景来对产品进行包装，再用产品的品牌来进行价值展示，其可以表示为：

产品价值（使用场景或制作场景）×品牌价值（品牌调性）

在这样的提示下，不同的行业可以依据行业特色来设计场景加深用户对产品价值的感知。

1. 零售行业的产品价值展示方向

可以沿着服务和空间的方向进行产品展示，表示为：

空间（使用场景）×仪式感（服务场景）

例如，中国品牌集合度较高的珠宝直营商城星光珠宝门店汇集了十多个珠宝品牌，为了充分展示星光珠宝的产品价值，其从服务和空间层面设置了以下两个营销场景，如图2-20。

场景一　　　　　　　　　　　场景二

霸屏求婚告白：凡是在星光珠宝购买钻石戒指的消费者，星光珠宝都会为其提供一次免费的霸屏求婚告白服务，使得新人对浪漫求婚场景的憧憬变为现实，变成更加高级的精神享受

掌上明珠谢亲恩：新人如果在星光珠宝购买钻戒，星光珠宝会赠送两条珍珠钻石项链，由新郎和新娘在结婚典礼上亲自为自己的女性长辈佩戴，以此感谢养育之恩

图2-20　星光珠宝的营销场景设置

2. 餐饮业的产品价值展示方向

在餐饮业中，美味是消费者追求的使用价值，而服务和体验则是消费者追求的心理价值。所以餐饮行业可以从这两个方向着手来展示产品的价值，表示为：

产品场景（使用场景或制作场景）×愉悦感

例如，西贝莜面村菜单上的菜品不算很多，但是每一道菜都非常好吃。好吃就是西贝莜面村的使用价值。此外，西贝莜面村设计的"亲子私房菜"活动是一个拉近家长和孩子之间距离的服务活动，不仅可以让家长和孩子体验做美食的过程，还能让他们品尝美食，这就是在服务方面进行的价值展示。

◎ 了解用户的价值判断，展示产品价值

为了将产品的价值最大限度地展示给消费者，商家还需要从消费者的价值判断方法着手，找到并展示更符合消费者期望的产品价值，来实现产品价值的放大。那么消费者是如何判断产品价值的呢？这就需要走近消费者群体，从他们身上寻找突破口。

1. 走进消费者的生活做调研

消费者一般根据自己的行为习惯来对产品的价值做出判断，所以，商家就需要对用户行为进行洞察，来确定有效的产品价值体现方式。

例如，老板电器通过用户洞察发现，很多家庭主妇面对着油烟处理不干净、不彻底，厨房油烟味重的困扰。于是老板电器以此为消费者痛点，使用先进技术开发"大吸力"油烟机。"大吸力"成了老板油烟机的价值所在，于是吸引了众多的家庭主妇进行选购。

2. 性价比是用户对价值最直接的感知

随着消费升级，人们的消费理念也在升级，逐渐形成了"又好又便宜"的消费理念。所以这时候就需要将产品的性价比凸显出来，才能更好地让消费者感知到产品的价值。

例如，网易旗下的原创生活类自营电商品牌——网易严选作为国内首家ODM（原始设计制造商）模式的电商，以"好的生活，没那么贵"为品牌理念，通过ODM模式与大牌制造商直连，剔除品牌溢价和中间环节，为消费者甄选高品质、高性价比的天下优品。

发散思维，才能做好场景策划

场景思维可以说是一种战略，一般会有一个较长期的或周期性的战略规划。在这样一个规划里，商家会将所要面对的市场、能提供的服务和产品进行整体方向的统筹把握，从而使营销能够聚集在一个系统里，以便进行更有效的把控和管理。此外，场景思维更愿意站在连接一切的角度考虑营销问题，也就是尽可能地让媒介形成组合，要达到这种目的，还需要各种思维（产品思维、入口思维、流量思维、链接思维、跨界思维、分享思维、共享思维、社群思维等）来共同构筑完整的场景思维。

◎产品思维：让产品成为场景的解决方案

产品本身就是场景，产品本身具有的优势、重要功能等实际上就是场景。在产品思维下，为了让产品本身所具有的场景更好地展现出来，更完美地呈现给消费者，就需要从产品本身出发，以其核心功能为出发点，构建出能最大限度展现其面貌的场景，进而与消费者进行有效连接，为消费者带来更美好的体验。例如，共享单车的意义不只是解决交通问题，而且将环保、健身等完美地融入产品的内涵中，使产品被赋予了更多的价值，更能吸引消费者的眼球。

◎入口思维：让新场景成为重要的入口

互联网时代是一个碎片化的时代，各种各样的场景成了消费者进行消费的重要的、可持续的、稳定的入口。在场景营销的实践过程中，人们发现，基本的场景营销模式已经不能满足日益多样化的个性消费体验。为了打通更多的场景营销入口，就需要借助入口思维来构建更多的场景营销入口，促使消费者从各个入口处通往场景营销的深处。这就需要商家站在消费者的角度了解消费者的生活方式中可以构建营销渠道的层面，从而发掘出营销入口。

◎流量思维：抓住流量，跟上流行

流量为王的时代，场景也跟随流量的汇集而变动，流量汇集越多的地方越有吸引力，越能引起消费者的围观。所以流量思维就是要依据流行来创造场景入口。在使用流量思维打造流量场景时，有以下三种方法可供使用，如图2-21。

亚文化创新

亚文化是互联网中一种具有独特价值观念、颠覆精神的流行文化元素，其很容易被粉丝搜索和跟随，可能成为主流的场景

品牌IP化

IP流行文化是很多媒体跟随的热点，由于人们在某些阶段的认同感可以让某些营销场景脱颖而出，所以适时地进行IP化营销场景品牌设计，会让营销场景聚集更多的跟随者

流量口碑化

流量口碑化即将流量场景放在社交媒体上进行分享，很多产品之所以能够成为爆款，与人们的分享和讨论是分不开的，所以营销场景构建也要注重流量的积累，从而积累分享和体验的人群

图2-21 流量思维打造场景的方法

社交平台一般都是流量的聚集地，在这些媒体中若是找到合适的场景来进行流行的塑造，可以在一定程度上引爆流量，让场景实现进一步的强化。

◎链接思维：让场景连接方式不断变化

链接指将不同的场景组合在一起。例如，搜索引擎将人和信息连接起来，从而形成了搜索场景。在场景思维中，链接思维可以适用于线上、线下场景。链接能进一步丰富、填充场景，增加场景的吸引力，更能满足消费者的需求，同时还可能带来更多更好的发展机遇。

链接思维能够给场景注入更多的体验感。例如，在一些营销现场经常会有人偶参与，而且人偶一般都是一些大众熟知的卡通形象，有人偶助阵的活动一般都有比较好的现场氛围。

◎跨界思维：为场景带来新价值

在"互联网+"思维的影响下，跨界思维也成了场景构建的一个重要参照。这种跨界思维能够起到"跨界合作，强强联手，打开新场景"的效果。跨界思维必须充分发散，这样才能让品牌在某些细节上与消费者建立情感相通点，引起消费者共鸣。

跨界融合是产业创新的一条重要途径，完美的跨界融合，可以带来无限的价值，如图2-22。

跨界融合可以将其他领域的属性为我所用，使产品增加附加价值

跨界融合展开的合作模式能为合作双方带来良好的发展契机，甚至借助另一方的力量扩大自身的影响力

图2-22　跨界融合带来的价值

例如，美图秀秀携手滴滴出行共同发起的"为爱而系，我在行动"跨界活动让"美"与"安全"的场景相结合，通过线上与线下相结合的体验式活动号召大众出行系好安全带。这类活动在传递滴滴安全出行理念的同时，也成功帮助美图秀秀在出行场景中扩大了影响力。

◎分享思维：让品牌在故事和情怀中延伸

分享思维是盛行于移动互联网的一种信息传播方式，在分享思维下，人成为信息传播的重要通道。人们对于自己认可的信息进行传播，会产生非常强烈的感染效应。在这种情况下企业就需要通过打造更有价值的信息来打动消费者，进而使品牌的传播成为可能。

例如，支付宝为了培养用户使用支付宝消费和支付的习惯，推出"天天领红包"等活动，引发了一股声势浩荡的领红包大潮，很多人通过线上、线下等渠道分享二维码来赚取赏金。

◎共享思维：在共享经济下创业

共享经济的发展让人与人、产品与产品、人与产品之间的关系日益紧密。在社会中，借助互联网等渠道，人们可以进行一切社会资源的共享。在资源共享时，双方都会付出应有的成本或获得收益。

在共享思维下，逐渐有了共享汽车、共享单车、共享充电宝、共享雨伞……这些共享模式创造的共享的场景，在极大地方便了我们生活的同时，也给我们带来了非常好的启发，共享可能会朝着更加广阔的方向进行，例如共享车位、共享教育、共享办公室等。深入地认识这些共享场景，我们发现，共享思维不仅仅创造了物质的共享，还附加着其他功能，如图2-23。

图2-23　共享思维的附加功能

　　互联网时代的场景营销中，对共享思维的要求是大家共同拥有而不是占有，让闲置资源借助互联网为他人所用，充分发挥资源的价值，使参与的双方在共享场景中获取各自的所需，从而建立一种有效的利益关系。

　　◎社群思维：有效定位场景中的特色用户

　　社群思维基于相同或相似的兴趣爱好，通过某种载体聚集人气，再用产品或服务满足群体的需求，从而形成一种商业形态。

　　社群思维是一种非常前沿的场景用户维护运营方法。在这种思维模式下，更加注重让场景中的产品与用户建立一种更加亲密的关系，让用户与产品之间形成一种"朋友"的情感，让用户因为共同的情感倾向聚集在一起。

　　例如，一些线上论坛、微博或微信群等，还有线下移动端或客户端的社区等，都是基于成员共同的兴趣爱好、认知、价值观等聚集人群，形成场景。

场景心法：就是要做场景延伸

做场景营销，必须深刻理解场景心法。在场景心法下，场景可以被无限延伸，这样就能发现更多的场景制造机会。要深挖场景流，就需要通过场景标配与场景联想对场景进行深入的思考，力求给消费者带去最全面的体验。场景营销最终的结果如何，有没有实现预期的目标，需要使用场景体验衡量指标对其进行测量。

◎场景标配与场景联想深挖场景流

场景标配指的是在某种场景下对产品的标准选择。例如，不想外出就餐和不愿做饭时，就会想到点外卖；外出旅游前，先上马蜂窝做旅行攻略；消化不良，就找健胃消食片；去肯德基就餐，点一杯可乐……这些顺应消费者消费习惯的场景，其实是可以顺着这样的路线继续深挖的。例如，春节发红包的传统习俗启发了微信红包的开发，让红包体验场景由线下转变为线上。

这样顺着场景路线持续地挖掘场景，就会形成场景流。一般来说，场景流会给用户更饱满的体验感。而对于场景流的挖掘，一般可以从以下两方面展开，如图2-24。

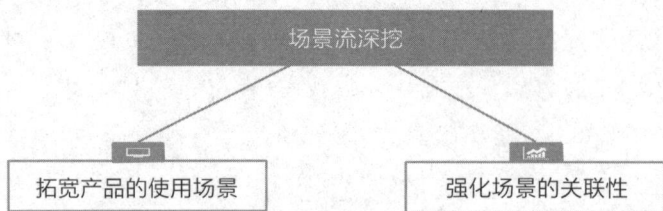

图2-24　场景流的深挖

在场景流深挖的过程中，一直强调的是"一米宽、一公里深"的精神。

1. "一米宽"是指场景的聚焦，也就是将场景设置在有限的范围内，这样才更有利于用户感知。

2. "一公里深"是指还原场景中的各类细节，营造真实、有体验感的场景。

同时在场景流深挖的过程中，还需要考虑如下这些问题，如图2-25。

场景流深挖需要考虑的问题

在什么场景下选择什么产品
在什么场景下推荐什么产品
产品的功能、寓意要与场景相匹配，更要与目标用户的购买预算相匹配

图2-25　场景流深挖需要考虑的问题

例如，在电影院，爆米花的销量特别好，就完美地契合了消费者看电影与吃零食这样的场景。

◎用场景体验感打动消费者

场景的设置就是为了吸引新老用户再次进入这样的场景中消费，这样做，除了可以连接新老用户之外，还能更进一步地放大产品价值与品牌价值，实现

品牌溢价。为了有效地连接新老用户，就需要让场景充满体验感，这些体验感包括仪式感、代入感、时代感、荣耀感、参与感等。

1. 仪式感

通过设置一些特别的流程将某件事情的重要性展示出来。例如，珠宝店设置的求婚告白环节等，就充满了仪式感，能让消费者完成消费的同时，体验到更具有仪式感的告白，一举两得。

2. 代入感

场景设置要能与消费者达到情感共鸣的程度，使参与者可以完全沉浸在场景中。例如，在母亲节举办的"遇见20年后的妈妈"活动通过给妈妈们化妆让其看上去老了20岁，然后妈妈们与儿女见面，进而打动儿女，这就使得场景体验的代入感特别强。

3. 时代感

借助与时代有关的道具来完成场景构建。例如，国外的一家餐厅借助裸眼3D技术让消费者在座位上体验西式餐点和冰激淋的动态制作场景。这就是借助时代前沿的高科技技术，让消费者体验到独特的餐食制作过程。

4. 荣耀感

带给消费者有荣耀感的体验。例如，海尔为展示自己厨房电器的优越性，举行了米其林大厨体验活动，参观者在参观家电的同时，还可以与西餐大厨一起学做西餐，这就能给消费者带去一种非常强烈的荣耀感。

5. 参与感

打造更出奇的场景，让消费者乐意在这样的场景中消费。例如，逐渐盛行的"双11"购物节营造了一种打折促销的场景，很多物品会进入消费者的"购物车"。这就是参与感，营造一种对消费者有利的场景，让消费者自愿地参与到这样的场景中体验购物。

◎用指标衡量场景营销的效果

场景营销最注重的就是给消费者带去与众不同的体验，用体验打动消费者，使其心理上形成消费满足，从而吸引消费者持续地进入这样的场景进行消费。这样的出发点为结果的衡量提供了依据，所以我们从体验性、连接质量、情感输出三个层面对场景营销的效果进行衡量，如图2-26。

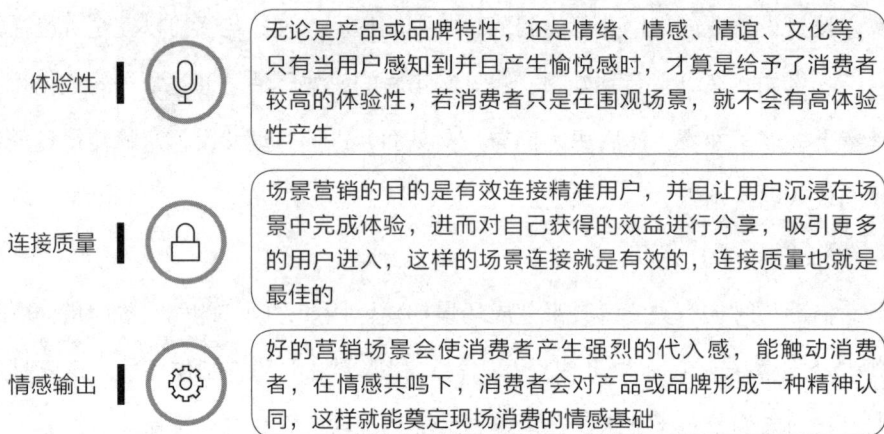

体验性 ▌ 🎤 无论是产品或品牌特性，还是情绪、情感、情谊、文化等，只有当用户感知到并且产生愉悦感时，才算是给予了消费者较高的体验性，若消费者只是在围观场景，就不会有高体验性产生

连接质量 ▌ 🔒 场景营销的目的是有效连接精准用户，并且让用户沉浸在场景中完成体验，进而对自己获得的效益进行分享，吸引更多的用户进入，这样的场景连接就是有效的，连接质量也就是最佳的

情感输出 ▌ ⚙ 好的营销场景会使消费者产生强烈的代入感，能触动消费者，在情感共鸣下，消费者会对产品或品牌形成一种精神认同，这样就能奠定现场消费的情感基础

图2-26　场景营销效果的衡量层面

【场景说】场景时代，场景思维赋能产品营销

在马斯洛的需求层次理论中，人们最基本的需求是生理需要，也就是满足基本生存条件的需要，如图2-27。不过，随着温饱问题的解决，小康阶段的到来，人们的需求逐渐向自我实现的阶段过渡。在这样的需求转变过程中，人们的消费理念也跟着变化，体验式消费逐渐成为消费者的新追求；而且伴随着场景时代的到来，人们更加愿意进入场景进行消费体验。这样的消费转变，让商家发觉到了新的产品营销策略，那就是借助场景思维的指导构建场景，让场景给予产品更多的能量，满足消费者的需求。

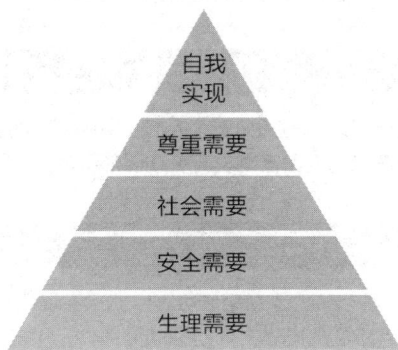

图2-27　马斯洛需求层次理论

在场景时代，人们对于自我实现的追求在消费上的表现就是理性消费向感性消费靠近。人们这时的消费期待就是得到更多的精神享受。于是，场景体验横空而出，以场景为营销的抓手将消费者吸引到自己的场景中，最终实现体验与营销。

场景营销的能力有多大主要与构建的场景有关。一个完美的场景能使消费者获得良好的消费体验，出于对精神上的满足感的追求，消费者会不断进入这样的场景，完成一次次消费。

所以场景营销中，场景赋能是非常强大的，那么场景是通过哪些途径给产品赋能的呢？

1. 赋能生产，解决规模化生产与个性化消费需求的矛盾

具体做法是将生产线改造与场景赋能结合起来，通过以下途径实现个性化产品的制造，如图2-28。

进行半成品的规模化生产，再使用场景实现个性化包装

个性化包装是为了满足消费者的精神需求，通过在包装上植入场景文案，替消费者表达情绪
例如，可口可乐昵称瓶、江小白表达瓶、味全果汁拼字瓶、小茗同学茶饮料等

在产品中植入IP或场景，以此实现个性化表达

IP和一些特殊的场景能很好地寄托和表达人们在情感方面的美好追求
例如，神话传说中的各种角色和器物、著名动漫形象等

在个性化的消费场景中实现标准化产品的营销

标准化产品可以进行各种方式的重新组装等，以此来实现消费者的个性化追求
例如，宜家的家具产品都是规模化生产的标准零部件，用户可以根据自己的实际情况自由挑选相关零部件，然后自行组装，进而实现消费者的个性化追求

图2-28　个性化产品的制造途径

2. 赋能产品，解决新品上市与持续旺销的矛盾

每一类新产品上市之时，商家都希望自己的产品能够成为爆款，并保持旺销。要想实现这种营销愿景，就需要借助场景给新产品赋能，具体做法如图2-29。

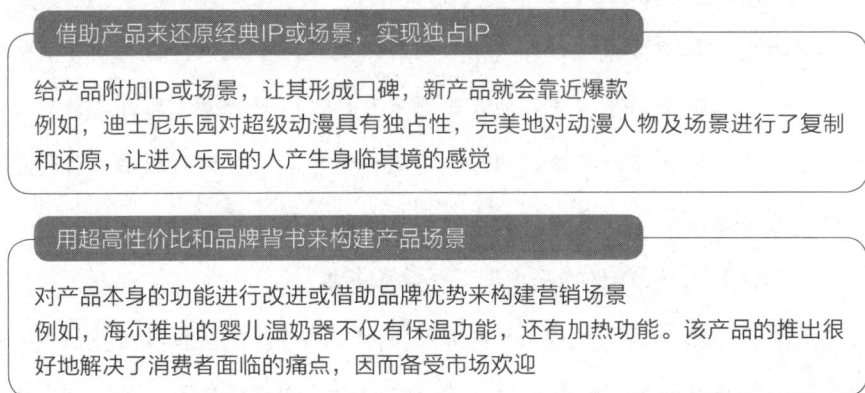

借助产品来还原经典IP或场景，实现独占IP

给产品附加IP或场景，让其形成口碑，新产品就会靠近爆款
例如，迪士尼乐园对超级动漫具有独占性，完美地对动漫人物及场景进行了复制和还原，让进入乐园的人产生身临其境的感觉

用超高性价比和品牌背书来构建产品场景

对产品本身的功能进行改进或借助品牌优势来构建营销场景
例如，海尔推出的婴儿温奶器不仅有保温功能，还有加热功能。该产品的推出很好地解决了消费者面临的痛点，因而备受市场欢迎

图2-29　场景赋能

3. 赋能渠道，解决产品质量佳而销路不畅的问题

很多的农林牧产品或家电产品本身的质量是非常好的，但是由于销路限制走不出去。当产品面临这种销路不通的问题时，就需要借助场景来打通产品销售渠道，让消费者切身感知产品的内在价值，具体做法如图2-30。

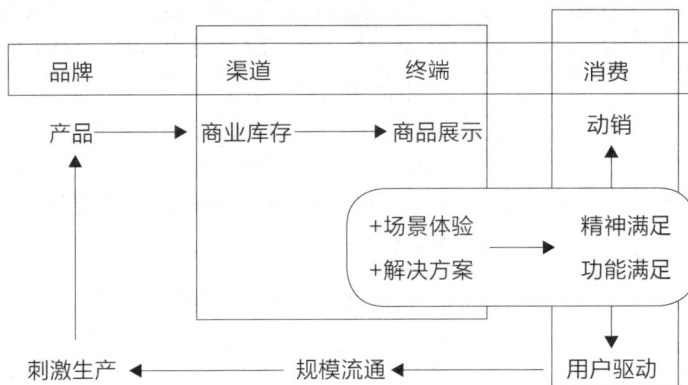

图2-30　消费者感知场景价值的方法

这就需要商家在产品销售的渠道中制造场景来展示产品的价值，让用户感知产品的物质价值和精神价值。例如，借助抖音、快手等平台来展示农产品的加工过程，让用户通过视频更加直观地了解产品质量，进而促进销售。

4. 赋能终端，增强消费者黏性

如果消费者黏性比较差，那么销售的转化进程就会变慢。当然消费者黏性差也与产品吸引流量困难有关。为此，商家可通过设置场景来增强与消费者的互动，并让消费者体验到场景"甜点"，这样消费者就会自行帮助品牌传播，从而吸引更多的消费者，实现低成本、高效率的产品销售。

5. 赋能推广，借助媒体碎片化实现低成本推广

推广就是对消费者进行启发和教育的过程，是让品牌价值进行传播与变现的过程。在媒体营造的碎片化时代，消费者可以主动选择信息，那么怎么做才可以靠媒体推广产品的信息呢？这就需要用优质内容来填充营销场景，使目标客户在内容的吸引下成为准客户。

借助场景思维构建完美的场景是实现营销的有力手段。商家要想让产品畅销，就需要从多角度着手来进行场景设计，如图2-31。

| 还原场景，用情感价值诱发传播 | 例如，"520"期间，一些商家举行的"老公老公疼疼你"的分娩体验活动让丈夫切身体验分娩痛苦，从而理解妻子的孕育之苦，进而通过购买礼物来加深夫妻间的感情 |
| 借势热点场景，引爆品牌传播 | 例如，在2019年国际反家庭暴力日来临之际，杜蕾斯针对该节日以及网络上对家暴问题的探讨，根据自身产品打出反家暴营销广告，这就很好地借势表达了自身品牌的定位，达到了营销的目的 |

图2-31　使产品畅销的场景设计

第三章

◎

技术做基础，解决场景搭建问题

◎

　　艾伯特-拉斯洛·巴拉巴西在其著作《爆发：大数据时代遇见未来的新思维》中说过："人类的很多活动都是重复性的活动。"我们倾向于去同一个地方工作、同一个地方娱乐等，因此这些行为都具有很大的可预测性。以前，我们缺少收集数据并发现这些数据规律的手段。现在，随着手机及其他类似工具的出现，我们可以轻易收集数据并量化这些数据的规律，然后把这些规律蕴含的预测能力使用到实际中。也就是说，借助大数据技术能将这些信息收集起来，并创造出更有针对性的消费场景。

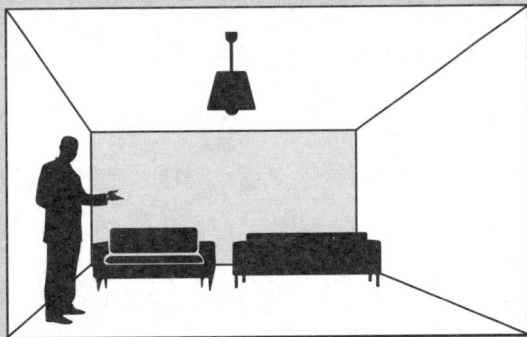

互联网新型技术为场景构建打好基础

场景营销的兴起离不开互联网技术的支持。在营销场景的构建过程中，大数据技术、云计算技术、智能技术、物联网技术发挥着重要的作用，利用这些技术手法对现状进行研究分析，最终以各种形式呈现的结果，是构建营销场景的重要基础。

◎大数据技术贯穿场景搭建

大数据技术是互联网时代的代表性技术，也是互联网商业时代的标配技术。在各行各业中，大数据技术几乎是作为驱动力量在推进技术革命，为商业赋予新的活力。在互联网的带动下，人们逐渐形成了数据思维，不管是对用户进行数据化分析，还是对产品进行数据化分析，数据成了商业可行性变革的依据。

在大数据技术日渐成熟的今天，各行各业中都可以看到大数据技术的应用场景。例如，物流业、农业、金融业、医疗业等借助大数据技术进行行业改革，为产业升级提供支持；同样，在数据思维的驱动下，多种多样的数据逐渐被人们挖掘，用户数据、需求数据、地域数据、品牌数据、类群数据等成为人们商业决策的基础。可以说，大数据技术和人们的数据思维让各种各样的数据逐渐沉淀下来，成为商业场景构建的必要基础。例如，阿里巴巴集团的核心业务集中在数据、金融、平台方面，业务生态系统的构建使得物流、信息流、资金流三流合一，为阿里巴巴集团积累了丰富的客户数量和交易数据，为其阿里小贷公司的成立提供了重要的基础。

◎云计算技术构建商业场景

有效数据能从数据流中被筛选出来、被使用，与云计算技术是分不开的。可以说，云计算技术打开了大数据技术的大门，让大数据被释放出来，进而被使用。

所谓云计算技术，就是指基于大量网络资源的计算模型，其有非常强的包容性，能够"随时取用，按需使用"。借助云计算技术，能够将网络上零散的资源进行整合和提升，从而转变为对商业有益的资源。

云计算技术应用最具代表性的例子就是"第三方登录"，例如，一些手机App、网页等，不需要注册，可以直接用第三方账号登录，像美团点餐、扫码骑车等活动都能直接使用已有的软件账号进行登录。这就是云计算对信息整合的结果：一个账号，就可以在网络世界通行，极大地提升了人们的使用体验，如图3-1。

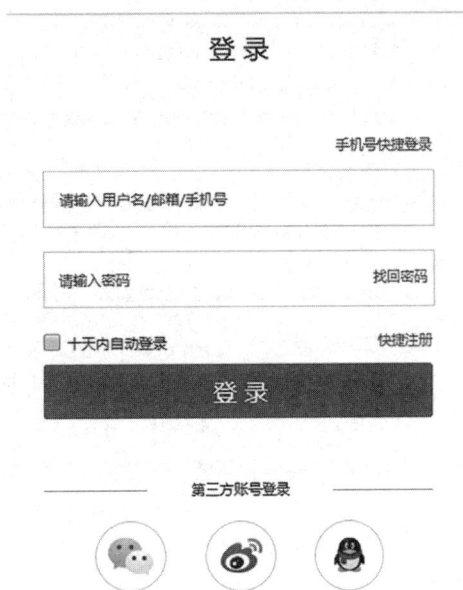

图3-1　第三方登录页面

此外，在地图软件中，云计算技术的运用也非常普遍，其通过整合信息，从基本的路线导航到智能全景的呈现，给用户提供了全方位的服务。在云计算技术的支持下，智能终端越来越丰富，移动地图、移动搜索、移动支付等给我们的生活带来了极大的便捷。

◎智能技术实现场景切入

智能技术以智能工具为载体，借助智能工具，实现有形和无形的连接。例如，智能手机就是一个非常强大的媒介，其在连接虚拟场景与人的同时，也在反映这种连接结果。所以，在场景构建中，智能技术在很多情况下都是将场景与实际应用连接起来的有效媒介。

目前，智能硬件在场景切入方面主要表现为以下几点，如图3-2。

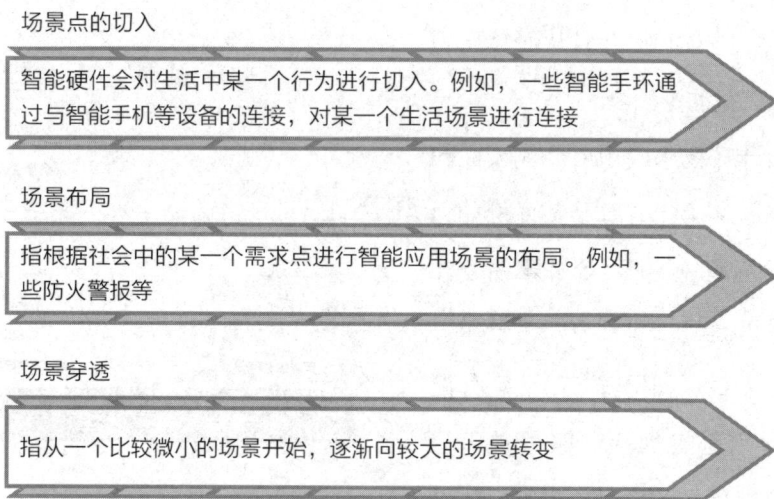

场景点的切入

智能硬件会对生活中某一个行为进行切入。例如，一些智能手环通过与智能手机等设备的连接，对某一个生活场景进行连接

场景布局

指根据社会中的某一个需求点进行智能应用场景的布局。例如，一些防火警报等

场景穿透

指从一个比较微小的场景开始，逐渐向较大的场景转变

图3-2　智能硬件的场景切入表现

在智能技术的发展下，智能硬件开始由单品化向平台化过渡，智能设备所打造的连接变得更加丰富和全面，这将为场景连接提供有效的途径。

◎物联网技术是全场景营销模式的基础

物联网技术在场景构建的过程中也起着至关重要的作用，其通过射频识别系统、红外感应系统、全球定位系统、激光扫描仪等信息传感设备，按照约定的协议赋予物体智能特征，并通过接口把需要连接的物品与互联网连接，形成一个物品与物品相互连接的巨大分布式网络，从而实现智能化识别、定位、跟踪、监控和管理。

在城市管理、环境监测、物流信息化、智能交通、公共安全等方面，物联网有着重要的应用。特别是在智慧城市的背景下，物联网的应用变得更加主动和普遍。有了物联网技术，万物相连就可以实现，那么全场景营销模式将是更加高效的营销模式。在全场景营销模式下，对小场景商业营销模式进行追踪，就可以构建出更有效的营销场景。

三大技术手段助力场景搭建

场景营销的实现必须有一个完备的场景，而想得到一个完备的场景，就需要一些技术手段来帮助搭建营销场景。目前，场景搭建使用最多的技术手段有移动设备、社交媒体、定位系统。这些建立在移动互联网时代的技术手段是场景营销时代的得力助手。

◎移动设备对场景营销的作用

移动设备的盛行基于移动互联网的发展，在移动互联网的普及下，越来越多的移动电子设备进入大众的生活，而这些移动设备正好是营销场景的载体。具体来说，移动设备在营销场景搭建过程中的表现主要体现在以下两个方面。

1. 移动设备逐渐成为各类信息的终端

我们发现，移动设备整合了文本、声音、图像等多种传播媒介，融合了纸媒传播与互联网的交互功能，成了新媒体时代的信息终端。例如，只要存在移动互联网，我们就可以依靠一部手机实现网上阅读、视频观看、网络预约、网络购物、网络分享、网络交流等。可以说，移动设备已经完全可以满足我们接触不同媒介的需求。所以，商家在构建营销场景时，移动设备就是好抓手。

2. 不同的媒体会有不同的接触群体

对不同人群的研究发现，不同人群会接触不同的媒体。例如，非单身群体与电视媒体接触的机会较多，因为一家人一起看电视节目的场景非常普遍，他们能对电视中出现的广告场景等进行集体讨论，特别容易激发购买行为。这时候商家就可以在电视媒体中投入一些居家生活的营销场景。而单身群体可能更多地通过移动设备接收资讯，尤其是新闻资讯。所以商家就可以在这些资讯的页面构建出符合这类群体的场景营销广告。

◎社交媒体对场景营销的作用

社交媒体是构建人与人之间信息交流的通道，随着社交媒体的渗入和普及，社交媒体与大众生活的关系越来越密切。社交媒体中的代表有腾讯旗下的微信、QQ，新浪旗下的微博，此外，陌陌等也在社交媒体中占据了一席之地。

如今，大众普遍适应了社交媒体的应用，当然这其中还是以年轻人为多。如果能从以下两方面着手设置营销场景，就能快速吸引社交软件端的年轻消费者，如图3-3。

设置语言场景
为了抓住社交媒体端的年轻消费者，商家可以用更能体现年轻人姿态的语言来传播热点话题，进而引导消费

设置时令场景
这就要搭时间的顺风车，借助时令节点对用户情绪进行安抚的同时提出自己的话题，并引发他们的关注

图3-3 社交软件端的营销场景设置

此外，在社交媒体上进行场景营销还有如下的一些技巧，如图3-4。

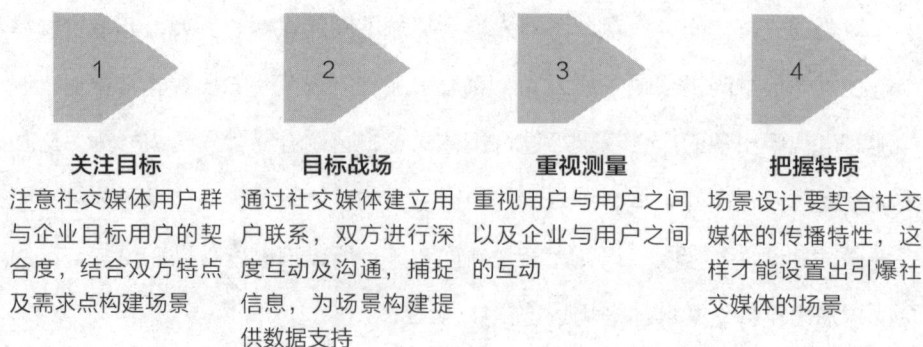

1	2	3	4
关注目标	**目标战场**	**重视测量**	**把握特质**
注意社交媒体用户群与企业目标用户的契合度，结合双方特点及需求点构建场景	通过社交媒体建立用户联系，双方进行深度互动及沟通，捕捉信息，为场景构建提供数据支持	重视用户与用户之间以及企业与用户之间的互动	场景设计要契合社交媒体的传播特性，这样才能设置出引爆社交媒体的场景

图3-4　社交媒体上的场景营销技巧

◎定位系统对场景营销的帮助

在各项技术手段的支持下，场景营销的路径越来越广。特别是定位技术的出现，为场景营销注入了新的活力。

iBeacon技术是2013年苹果公司推出的一项低耗能蓝牙技术，由iBeacon发射信号，IOS设备定位接收，并发出反馈信号。iBeacon技术的出现让传统的室内定位更加成熟，很好地提升了人们对室内定位的体验感。此外，iBeacon技术也促进了线下网络的建设。这主要是因为iBeacon技术使得电子设备的精准度明显提升，在定位方面，能够实现室内、室外全方位的覆盖。

H5技术，塑造移动体验新场景

移动设备在场景营销中占据的重要地位不言而喻，同时，以智能手机为代表的移动设备镶嵌的H5技术作为一种娱乐化的营销新技术，可呈现多变的画面风格，能对营销过程中的各种数据跟踪反馈，让营销变为再次营销，传播变为再次传播。也就是说借助H5技术，可以实现"入口→内容→效果"的一站式场景营销。

◎H5技术在场景营销中的作用与价值

在营销中，H5技术的主要作用体现在跨平台和本地存储上。

1. 跨平台

是指利用H5技术制作的页面或应用，能够和PC端与移动端，Windows与Linux，Android与iOS等终端及设备进行很好的兼容，这就为其创造的场景营销提供了非常广阔的传播路径。而且H5技术强大的兼容性极大地降低了其开发与运营的成本，这也为很多的企业提供了进行场景营销的契机。

2. 本地存储

是指H5技术产品的启动时间非常短，占用的流量也非常少，且不占用本地空间，不需要借助第三方插件就可创建出高级图形、版式、动画以及过渡效果，特别适合手机等小容量智能设备，能为用户带来很好的视听体验。

H5技术的发展推动了场景营销的发展，其在场景营销方面的价值主要体现在以下几方面，如图3-5。

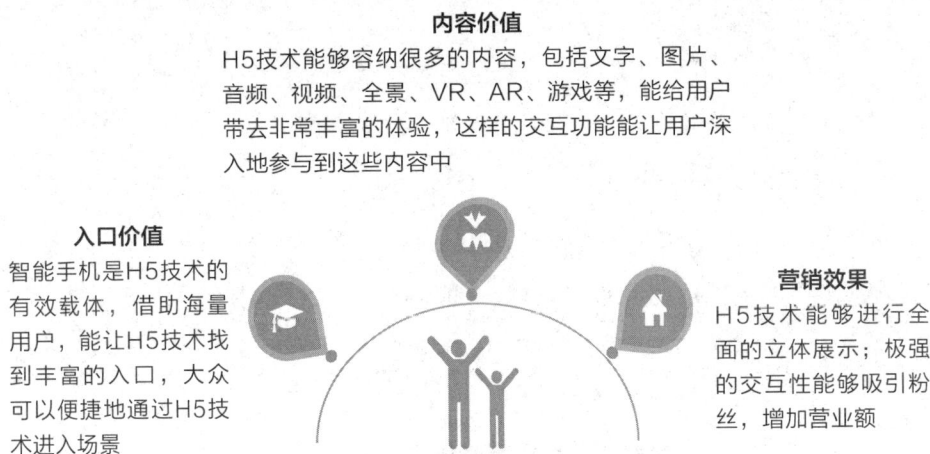

内容价值
H5技术能够容纳很多的内容，包括文字、图片、音频、视频、全景、VR、AR、游戏等，能给用户带去非常丰富的体验，这样的交互功能能让用户深入地参与到这些内容中

入口价值
智能手机是H5技术的有效载体，借助海量用户，能让H5技术找到丰富的入口，大众可以便捷地通过H5技术进入场景

营销效果
H5技术能够进行全面的立体展示；极强的交互性能够吸引粉丝，增加营业额

图3-5　H5技术在场景营销方面的价值

借助H5技术设计营销场景时，除了要使用技术之外，还需要对技术制造的页面进行美化，用文案、色彩将场景设计得更加贴近消费者的心理需求。

◎H5技术在场景营销中的一些应用

1. 全景体验给消费者带来了营销冲击

H5技术下的全景技术包括360度和720度全景漫游，能给消费者带来浸入式的体验。此外，全景体验还能将音频、视频、文字、动画、网页等加入全场景，带给人们一种全新的体验，增强人们的感官体验。

例如，新颖的全景预定在酒店、飞机、高铁、电影院、歌剧院、演唱会等场景中的应用非常好，用户可以以现场视角来选择所要预定的场景。此外，在地图软件中，也进行了全景技术的投入，让用户深入场景现场。

2. 跨屏互动让多屏幕实时互动成为可能

跨屏互动就是让多个不同形态的屏幕实现实时连接，打造出多人实时互动的屏幕场景，这样就能在给用户带去体验的同时，实现品牌的传播。

例如，微信的"摇电视"功能就可以让手机屏幕与电视屏幕实现有效对接，打通了电视与手机之间的屏障，使用户更乐于参与到电视节目当中。

3. VR技术营造真实感与沉浸感

VR技术也是通过营造极强的现场体验感来让消费者沉浸在虚拟场景中的。这种虚拟而又真实的体验场景给了用户不同寻常的体验，潜移默化地让用户对品牌形成更高层次的认知。

例如，很多游戏开发商借助VR技术开发游戏，让消费者在进行游戏体验时如同进入游戏场景中，这就给了消费者真实完美的感官体验，从而增强对这类游戏的选择倾向，养成使用习惯。

4. AR技术有效对接真实世界与虚拟世界

AR技术作为虚拟技术的一个分支，能将真实的世界与虚拟世界进行有效的叠加，然后营造出一种现实与虚拟相结合的三维情景。通过使用AR技术，让虚拟与现实处在同一个空间里，能有效增强消费者的感官体验。

例如，一些"P图"软件能够通过自动识别脸部关键点来制作出一些2D或3D贴纸，这是一种简单的AR技术使用场景。在"P图"软件中加入这样的功能能够给用户带去更多的体验，从而增加用户对这类软件的使用频次。

这些H5技术能够为场景营销找到更开阔的空间，商家借此可以进行多角度场景设计，进而增强用户体验感来实现销售。

场景环境越全面，场景营销越给力

在技术的支持下，营销场景的搭建问题可以被有效解决。以智能手机为入口，场景技术有了更广阔的传播空间，通过碎片化信息进行场景的导入、场景之间的有效组合，就可以创造出更高的商业价值。此外，对于垂直场景，同样可以借助场景解决方案和设计原理来进行完善和优化。在这样一个全面的场景环境里，场景搭建变得更加轻松，也变得更加便捷和高效，场景营销的效果也会更好。

◎以智能手机为入口的场景技术体验

1. 以智能手机为载体的场景

智能手机几乎成了场景的载体，以手机为中心的场景营销也越来越盛行，仔细观察会发现，我们几乎是全天候借助手机来实现自身与外界的交流的。手机和人相匹配，且处在统一生活场景这样的局面，实际上为场景营销提供了一个非常有利的途径，如图3-6。

智能手机除了可以承载非常多的场景之外，还可以与外界实现功能对接。例如，手机与外接微距镜头相连接之后，又被赋予了一个新功能——近景拍摄。于是，在手机场景的基础上又制造了一个相机场景。

图3-6　人+手机出现的场景

2. 场景技术的深入互动

场景技术给了场景实现突破的可能，于是，很多商业和生活场景在场景技术的驱动下变得更加智能和高效，也就衍生出了很多新的商业形态和商业模式，如图3-7。

图3-7　场景技术互动

◎信息碎片化带来闭环营销场景

如果将我们每天接收到的所有信息进行数字化统计，最终，平均一个人一天可以接收的信息约为140.34GB（视觉信息）+10.54GB（音频信息）。这是一个非常大的信息量，如果我们见缝插针般地将商业信息植入人们可以接触到的任何媒体中，那么就可以形成一个闭环的营销场景，让消费者时刻处在商业信息构建的营销场景中，从而为促成销售提供可能。

而如今，智能手机就为闭环营销场景的构建提供了基础，人们无时无刻不在接触手机，那么就可以与商业信息保持接触，如图3-8。

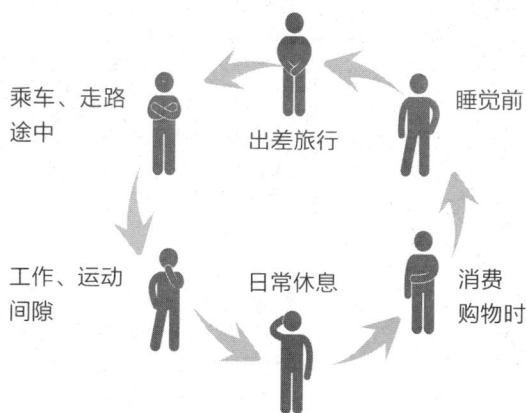

图3-8 被手机占用的碎片化时间

在日常的工作中，人们可能会比较忙碌，很少有机会接触到这些商业信息，但是在其他的碎片化时间内，人们有充分的时间和机会来接触这些商业信息，这就为闭环场景营销提供了可能。

◎组合场景实现商业价值创新

不同的场景所具有的沟通能力、资源的公众程度是有所不同的。它们单独使用的营销效果可能不会很明显，如果对这些特性不同的场景进行有效合理的组合，那么就会营造一种更有效的营销场景，让营销效果变得更加明显。具体我们该如何做呢？以下场景分类及组合框架可能会给我们很多启发，如图3-9。

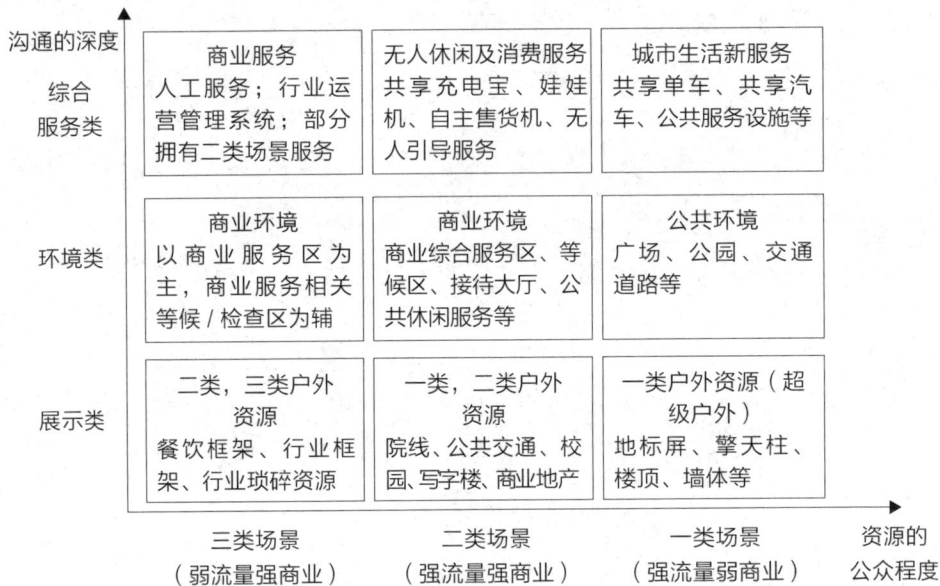

沟通的深度			
综合服务类	商业服务 人工服务；行业运营管理系统；部分拥有二类场景服务	无人休闲及消费服务 共享充电宝、娃娃机、自主售货机、无人引导服务	城市生活新服务 共享单车、共享汽车、公共服务设施等
环境类	商业环境 以商业服务区为主，商业服务相关等候/检查区为辅	商业环境 商业综合服务区、等候区、接待大厅、公共休闲服务等	公共环境 广场、公园、交通道路等
展示类	二类，三类户外资源 餐饮框架、行业框架、行业琐碎资源	一类，二类户外资源 院线、公共交通、校园、写字楼、商业地产	一类户外资源（超级户外） 地标屏、擎天柱、楼顶、墙体等
	三类场景 （弱流量强商业）	二类场景 （强流量强商业）	一类场景 （强流量弱商业） 资源的公众程度

图3-9　场景分类及组合框架

我们说，场景本身就存在于人们的生活中，而且场景中本就蕴含着商业机遇。但是这些场景大多是一些比较小的场景单元，所以使得商业机会变得分散和细小。但是我们可以根据场景之间的有效组合，在将场景连接起来的同时，也将商业机会连接起来，从而使得人与环境更好地融合在一起，实现场景营销的目的。这样，场景就能够有效地沟通和融合，最终实现商业价值的创新。

◎垂直场景设计下的独特营销方案

在场景营销的过程中，借助垂直场景设计能设计出独特的营销方案。垂直场景的搭建过程如下。

选择获取目标用户，分析目标用户的特点，根据目标用户的需求制作可以吸引目标用户的内容。首先，设计出能够与用户建立联系的场景触点，也就是设计出能够让用户进入场景的入口；其次，对场景进行转化，也就是利用场景技术将实体广告转化为可以被用户直接或近距离接触的手机页面广告，这样就能被用户更好地进行阅读传播；最后，做好场景广告传播过程中的数据管理工作，也就是对社群分享数据和页面使用数据进行分析，管理前端营销内容数据，以便适时地调整营销策略。

在场景技术做支持的背景下，综合使用场景思维，寻找多端入口、多端机会，对场景进行优化组合设计，或进行垂直场景设计，能够设计出更加独特的场景营销方案。

利用场景工具增加用户互动兴趣

场景营销是以用户为核心的营销，在场景营销过程中，最重要的是通过完美的营销方案将用户吸引到营销场景中。要让用户喜欢、心甘情愿地投入场景中，那么场景与用户之间的互动必不可少。在场景中要设计有趣的用户互动，这样用户会以更好的黏性跟随场景。所以用户互动是场景营销过程中非常重要的一环。

◎户外广告造就区域互动

我们可以发现，户外广告互动可以在不同的区域市场形成不同的影响力。所以借助户外广告与用户进行互动也是一种可选的互动方式。

例如，2017年，网易云音乐用5000句乐评作为广告文案，在杭州地铁站的墙壁和地铁车厢做户外广告宣传，不仅刷遍了地铁站的墙壁和地铁车厢，同时也刷爆了大众的朋友圈。网易云音乐的这种广告新尝试，可以说是户外广告互动中的一匹黑马，其借助用户的心声传达自己的音乐价值，让用户在表达自己的同时也被别人的表达感动。

◎创意互动加速场景转化

在场景技术做支持的基础上，可以构建出独特的用户创意互动模式。为了构建更加有趣的用户互动模式，需要先从用户着手，对用户在基本生活中的真实需求和消费能力进行调研分析，从而以此为出发点，建立创意互动模式。有了这些基础后，就需要落实创意互动，结合线上、线下人群的不同需求，打造出更能契合用户心理的互动路径，从而使得营销场景与互动模式结合，给用户更加独特和新颖的体验。

例如，一些门店有实体留言墙。其实除了实体留言墙之外，还有虚拟留言墙。网易云音乐就创造过一款虚拟的留言墙，其借助AR技术让用户在当下所处的真实环境中体验凭空出现的虚拟留言小纸条，甚至还可以让用户与用户之间进行互动，比如评论、点赞、分享、合影……参与AR小纸条玩法的步骤也很简单，只要在最新版本网易云音乐App中打开扫一扫，选择AR小纸条，就能在虚拟留言墙上表达自己。

网易云音乐通过优质内容与新兴技术的结合，将音乐与生活进行有效连接，最终实现多种生活场景的串联，为音乐传播打造出另一种解决方案，使得音乐渗入用户生活的方方面面，从而与用户建立良好的互动关系。

可以看到，创意互动营销场景的构建更多的是关注用户，让用户对这种场景带给他们的表达方式产生依赖，这就能够让用户在场景体验中获得最大的满足感。同时创意互动营销场景的构建离不开技术的带动和流量的传播，也就是说，互动场景营销模式既要有创意，也要有流量，创意打动用户，流量感染用户。

◎系统工具助力场景开发运行

构建营销场景的过程中，涉及产品设计、开发执行、运维管理等关键流程，这些都需要借助系统工具才可以实现。这些系统工具涉及网页运营、用户运营、渠道交互、数据收集管理等。

在营销场景的构建过程中，比较常用的系统工具主要有双屏互动系统、媒体关系管理系统。

1. 双屏互动系统

主要表现为手机和LED的大数据联动。运行原理是用户进入并借助企业的网站内容页参与互动或者进行评论，最终活动内容会在大屏进行显示，从而实现现场互动，如图3-10。

双屏互动的主要构成要素

媒介：指营销传播的媒介
媒体内容：指营销的主要内容
原创内容（UGC，User Generated Content）：用户自己创造的营销内容

图3-10　双屏互动的主要构成要素

例如，我们点餐过后的评价、观影后的评价等，实质就是一种双屏互动场景体验。

2. 媒体关系管理系统

主要表现为媒体公众号这样的场景工具。就媒体而言，经常会碰到这样的问题：太多的媒体无法找到重点媒体对象；太多"软文"发不出去，做不了营销；媒体情绪会出现僵化，甚至对立情绪严重；好消息很难传播，坏消息却特别猖狂；等等。这些问题的存在，让媒体关系的管理显得异常重要。

　　在移动互联网构建的信息大潮中，信息时刻影响着人们的行为习惯和生活方式，而媒体就是这些信息的载体。场景营销的过程中，建立一个强大、稳定和紧密的媒体关系双屏互动系统是非常有必要的。只有进入良好的媒体关系网络中，借助媒体的力量，才能助推实现场景营销。

　　例如，沃尔沃汽车的媒体中心VOLVO汇客听主要参与媒体服务、互动及支持，同时，还提供新闻稿件、图片视频资料等。汇客听帮助沃尔沃汽车进行媒体资源、人员、产品、预约试驾活动管理等。

　　在系统工具的支持下，场景营销就可以顺利地实现运行，而且借助这样的系统工具，场景营销也能够持续得更久。

【场景说】自媒体盛行下的人格化娱乐场景呈现

自媒体英文名为"We Media"，由美国学者谢因·波曼和克里斯·威利斯最早提出。自媒体在最早被认为是"普通大众经由数字科技强化、与全球知识体系相连之后，开始理解普通大众如何提供与分享他们本身的事实、他们本身的新闻的一种途径"。在科技的刺激下，时代发展进程加快，人们希望自己能够跟随科技的发展进行分享和自我表达。自媒体诞生之初只是为了表达、分享和信息传播，但是随着自媒体的发展，其逐渐与商业挂钩。同时有人指出："真正做自媒体的人，应该通过商业的方式盈利，进而增强自媒体作者本人的自我品牌价值，不断确立自媒体作者个人的商业价值。"

在今天，自媒体成为时尚潮流，紧跟着互联网的发展而发展，而且在很大程度上都出于商业目的，于是，便诞生了新媒体营销这样一种新的营销模式。同时，新媒体催生了诸多的自媒体，以其为依托，出现了一种新的营销场景——以自媒体人自身人格影响为基础的人格化营销场景。

1. 人格化娱乐场景的打造

在互联网时代，场景的迁移变得特别明显，娱乐化场景变得更加具有吸引力，所以逐渐形成了一种以娱乐为主流的营销场景，打造娱乐化营销场景在很多行业盛行。

因为我们发现，娱乐开始成为吸引消费者注意力的关键，以娱乐为抓手，就会在瞬息吸引很多消费者的关注。娱乐对消费者的取悦、撩拨甚至教育，让消费者乐意沉浸在这种娱乐体验中。再加上在移动互联网时代，信息碎片化严重，而在这些碎片化的内容中，娱乐因素最能吸引用户，于是在粉丝的力量下，人格化自媒体娱乐场景不断被构建。

在发展的过程中，自媒体的内嵌工具不断丰富。例如，微博的热点搜索、私信、群组功能等，微信的扫一扫、朋友圈、公众号等，为自媒体营销创造了天然的机会。于是借助自媒体的发展，服装、美妆、餐饮、娱乐、汽车、图书等纷纷开始了自媒体营销。在自媒体营销场景中，消费者可以通过转发、评论、点赞等为自己发声、为产品发声。

自媒体是一种娱乐化的营销场景，这主要与自媒体的传播特点有关。在自媒体时代，内容更新迭代非常快，而且自媒体的传播路径以吸引流量为主，很多自媒体内容的营销价值只有在具备了足够多的流量时，才能体现出来，可以说，自媒体营销与流量营销有相似之处。

2. 人格化的"破垄"场景

我们发现，传统媒介表现出过多的严谨、严肃甚至封闭的特点；而在自媒体中，媒介更多地表现出人格化与情绪性，并且自媒体人的人格化千差万别，每个人的情绪划分都不明确，甚至表现出多面性的特点，进而将人格更加立体地呈现在大众面前。

所以，自媒体是人格的代言。例如，靠自媒体起家的"网红"，要么是利用自媒体进行产品宣传，要么是做自媒体直播。不管以哪种方式进入自媒体的队伍，大都是出于商业目的来从事自媒体工作。在自媒体的盛行下，逐渐形成了集聚效应，也就是有共同喜好的人会通过自媒体聚集在一起，最终形成自媒体人的粉丝，而粉丝也是自媒体人主要收入的贡献者之一。

　　自媒体在塑造自己人格化场景的同时也让人格化场景传播渠道增加，人格化因素通过这些渠道很好地扩散，这在某种程度上，打破了传统单一渠道的场景传播，这种现象被称为自媒体人人格化的"破垄"场景。

　　3. 自媒体粉丝的盲目性、冲动性

　　粉丝可以形成粉丝经济，但是这种粉丝经济并不是一种理性的经济形态。在很多研究中，学者一直认为群体行为不具有理性，当大量的个体集聚时，群体智商会低于个体的智商，非理性的表现会更加明显，盲目性行为更加突出。在互联网及自媒体的盛行下，粉丝经济的不确定性非常大，这种粉丝消费行为存在极大的不合理性，甚至表现出一些极端行为。

　　由于粉丝的盲目性、冲动性，再加上海量选择的存在，粉丝的黏性和忠诚度出现了很大的不确定性。如果用大数据研究自媒体下的粉丝经济，那么其结果的可取性也不会很高。所以自媒体在释放人格的同时，也给商业带来了很大的不确定性。自媒体丰富了人格化场景，但是自媒体的健康发展还有很长一段路要走。

第四章

⊙

从场景来源出发，多角度构建营销场景

⊙

　　任何时候的营销，本质都是让企业与消费者建立良好的关系，并且在良好关系的基础上进行深入的互动。这样的目的就是增强消费者的黏性，让消费者对企业保持忠诚。为了吸引消费者，企业必须利用各种渠道为自己的顾客创造出更完美的消费体验，吸附顾客形成消费倾向。那么企业也要全心全意为消费者着想，以消费者的需求为基准，对不同的营销路径进行不断的尝试，对不同的渠道进行深入的挖掘，制造出更符合消费者需求的营销场景。

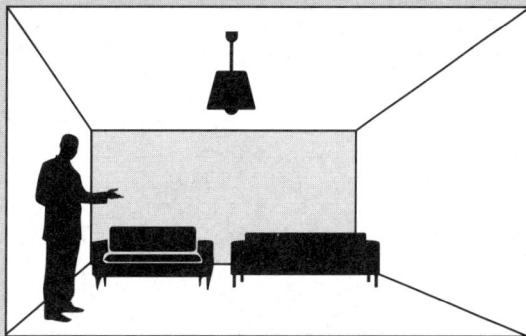

用户才是场景诞生的源头

场景营销的根本目的就是通过一种新颖的营销方式来发掘潜在的用户，同时再通过场景构建的消费体验留住用户，让用户对品牌或产品形成依赖和再消费期望。以用户为出发点，对用户进行深层分析，是场景营销构建的基础。只有充分地了解用户，我们才能知道什么是用户最需要的，所以，用户才是场景诞生的源头。

◎做好用户细分，发掘场景

要充分了解用户，就需要对用户做细分，区分清楚各个用户身上所贴的标签，从而发现这些用户的需求倾向。一般来讲，用户身上的标签主要有以下这些。

1. 用户的属性标签

用户的年龄、性别、学历等是用户自带的属性标签，这样的属性标签会将用户的消费行为界定在一定的范围内。例如，根据阿里巴巴的数据显示，淘宝网的买家有超过70%是"80后""90后"以及"00后"，在卖家中，"90后"的比例超过了三分之一，可以说，淘宝网是一个年轻人集聚的地方。在此基础上，淘宝网借助大数据的分析，通过打造"淘宝造物节"等制造了一系列更加符合年轻人的营销场景来吸引用户。

　　用户属性的分析需要借助大数据技术来完成，这一分析过程是营销场景设计的重要一环，因为用户的年龄分布、性别分布、学历分布等可以反映出用户所处的时间、地点等信息，这就为营销场景的设计提供了足够的针对性。

　　2.　用户的兴趣标签

　　兴趣、娱乐等是用户的兴趣标签。挖掘用户的兴趣与娱乐习惯等，同样可以打造高效的营销场景。这就需要想方设法用内容来满足用户的兴趣、娱乐需求，如图4-1。

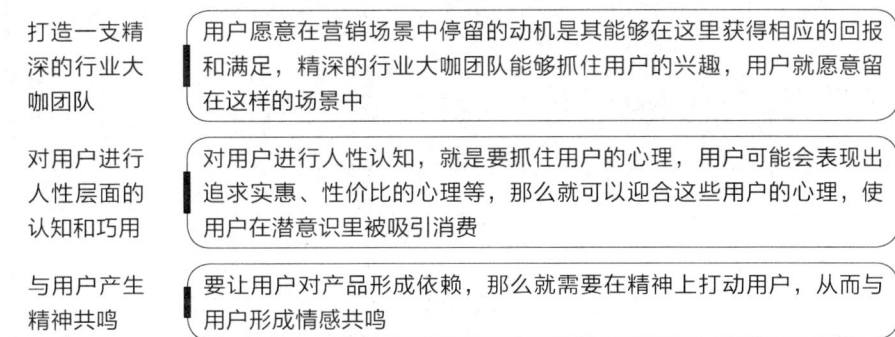

打造一支精深的行业大咖团队	用户愿意在营销场景中停留的动机是其能够在这里获得相应的回报和满足，精深的行业大咖团队能够抓住用户的兴趣，用户就愿意留在这样的场景中
对用户进行人性层面的认知和巧用	对用户进行人性认知，就是要抓住用户的心理，用户可能会表现出追求实惠、性价比的心理等，那么就可以迎合这些用户的心理，使用户在潜意识里被吸引消费
与用户产生精神共鸣	要让用户对产品形成依赖，那么就需要在精神上打动用户，从而与用户形成情感共鸣

图4-1　满足用户的兴趣、娱乐需求的方法

　　3.　用户的行为标签

　　浏览习惯、社交购物等是用户的行为标签。了解用户的行为就是了解用户的消费习惯，有了对其消费的了解，就可以为用户提供更加精准化的服务，这样才能让企业实现更高效的营销转化。所以了解用户行为是场景营销构建过程中的一项重要准备工作。例如，淘宝网"千人千面"的营销场景就是基于对用户的消费行为的分析得出的。因为淘宝网早就掌握了利用用户的浏览记录来

搭建购物场景的方法，其会将用户在网页浏览的店铺、搜索商品种类、成交金额、分享的链接等以数据形式记录，从而在首页形成相关内容的产品推荐。这种个性化的营销模式可以帮助用户快速找到心仪的商品、快速下单，提高消费效率，进而吸引越来越多的用户。

4. 用户的状态标签

婚恋状态、居住环境、消费状况等是用户的状态标签。用户的生活状态不同，日常需求也会有差异。对于用户的生活状态，可以从婚恋状态、居住环境、消费状况三个维度进行分析，见表4-1。

表4-1　用户的生活状态

婚恋状态	已婚	生活状态较稳定，对日常生活用品的需求较高 对母婴类产品的关注较多
	备婚	对家居产品有着较大的兴趣
	单身	由于娱乐活动较多，消费偏向于多元化
居住环境		用户在居住地域上的差异会影响其消费习惯
消费状况		用户会根据消费水平的高低选择相应层次的产品作为消费对象

◎ 用完美体验保持用户黏性

企业需要通过提升用户体验来提高用户黏性，可以从以下几个方面着手。

1. 用产品故事打动消费者

要让产品打动消费者，就需要给产品添加一个故事，陈述故事是一个很好的情感输出方式。在设计产品故事时，尽可能拓宽视角，勿局限于产品本身，结合时下的新潮、热点等来刺激消费者的消费欲望。在创作产品故事时，需要从以下几点出发，如图4-2。

故事要立足于对话和沟通，站在用户的角度，给产品故事设计一个可以吸引人们的关注点

01

02

故事要有广泛的受众群体，越能让群体产生情感共鸣的故事，可读性和分享性越好，传播也会越广

用情感保持故事的生动和亲和，产品注入故事和情感之后，会有更好的感染力

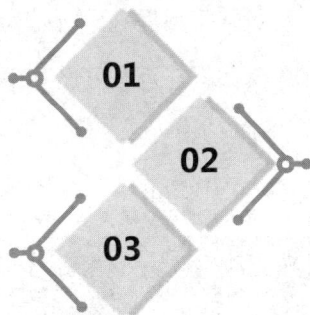

03

图4-2　创作产品故事的出发点

2. 赋予产品社交功能，提升用户活跃度

在社交网络上的分享行为是很多消费者交流的重要依据。如果一款产品具有社交分享的功能，就能满足消费者在网络上追求认同和赞美的心理，进而吸引更多的消费者体验产品。例如，在跑步软件悦跑圈内，用户不仅可以直接分享跑步成绩，还可以将自己的跑步成绩分享到其他社交平台，构建一个跑步爱好者的圈子。

3. 用跨界创意震撼消费者

跨界组合作为一种新的营销逻辑，在很大程度上是用创意打动消费者，进而成为一种良好的营销手段。例如，海底捞因为提供"极致服务"而在消费者心中树立了良好的形象和口碑，而网易云音乐也始终秉持着为用户提供"极致音乐体验"的理念，二者不谋而合，实现了跨界合作。这使得网易云音乐的用户不断丰富，同时海底捞也为顾客营造出了集视听于一体的沉浸式用餐体验。

4. 设置产品反馈，提升用户参与感

当消费者成为某产品的新用户之后，会根据自己的使用感受来确定是否会继续使用该产品。而且在使用过程中，若是发现产品有什么不足，他们会直接

反馈自己的意见，从而督促产品朝着更好的方向改进。这个反馈过程能给用户带去很好的参与感，使得流量转化率提高。所以为了保证用户体验，设计必要的反馈环节更能吸引用户。例如，在互联网产品中，其反馈设计主要表现为以下两类，如图4-3。

互动反馈	系统反馈
互动反馈主要表现为点赞、评论、回复、分享、转发等模块，这些模块能让用户参与互动，增强体验感	系统反馈指系统通过加载项、小红点、红心等向用户展示当前活动执行的进度等

图4-3　互联网产品中的反馈设计

数据最可靠，真实场景虚拟化

数据本身可以作为一项技术应用到场景营销中，此外数据也是一种虚拟的场景。在场景营销中，数据以其严谨性和可靠性成为很多营销场景设计的依据。在各行各业中，存在非常丰富的数据，而且大数据技术的成熟应用已经让数据成为营销决策的重要工具。

◎场景营销中的各类数据

在数据的基础上构建营销场景时，依据的数据主要来源于以下四个方面。

1. 通信运营商的数据

移动互联网的成熟应用给通信运营商带去了可观的流量收益，同时也打断了传统服务的价值链，让通话业务、短信业务、彩信业务等受到了严重的冲击。在大数据的带动下，通信运营商每天可以收获巨量的数据信息，这些信息包括用户的基本信息、流量信息等，如果通信运营商对这些数据进行挖掘、分析、使用，就能够让通信产品的投放更加精准。

2. Wi-Fi设施的数据

Wi-Fi设施已经布局在了很多的地方，如家、公司、学校、商场、饭店等都覆盖了Wi-Fi。丰富的使用场景为Wi-Fi设施提供了巨量的数据，也让这些数据的使用变得更加普及，更加具有开发潜质。因此，随着Wi-Fi使用范围的扩展，Wi-Fi已成为很多企业分析用户时数据采集的重要源头。例如，人们在公共场所连上Wi-Fi时，可能会遇到输入手机号等操作步骤，商家就可以快速获取用户信息，这样就能为日后的营销打下用户基础。

3. 线上搜索的数据

用户在互联网上的搜索、浏览、提问等行为产生的数据能够反映很多的用户信息。开发这些数据，企业能够发现更多的商业入口，进而提高营销转化率。

4. 线下小程序引流的数据

在线下购物活动当中，商家倾向于引导用户扫码买单，这是因为在扫码付款过程中，商家还会提供一些关注小程序即可享受优惠的活动，这种行为会引导用户去关注商家的小程序，这样商家的小程序就会积累更多的关注者，那么其后续环节推送的产品优惠、会员产品、新品推荐等就会有更多受众。可见，小程序对公司来说不仅起着产品推广的作用，还是一个良性循环的入口，引导客户消费。小程序上积累着丰富的数据，商家可以借助这些数据实现自我升级。

◎**数据化场景营销流程设计**

数据这么多，要将它们应用到场景营销中，就需要以下流程的协助。

1. 数据采集

数据的采集可以线上与线下同步进行，然后在业务环节的交互处发现更有价值的数据。将采集的数据进行大数据分析，企业可以根据分析结果来构建全渠道的营销手段，制订精准的会员营销方案，在实现营销的同时进一步地对数据进行跟踪。

2. 设置数据运营体系

设置数据运营体系就是用标签来描绘用户，这样就可以很好地锁定用户、认识用户，针对特定的用户采取相应的运营策略，有利于企业开展精准服务。例如，对商家推送的一些内容，如果用户参与评论、分享、收藏等，那么这样的用户就可以贴上"有互动用户"的标签；如果有些用户对内容的某一板块没有了解，那么这样的用户就可以贴上"需要引导"的标签，商家可能会通过小图标引导等来让这类用户尝试更多的内容。

这样，企业就可以实现"千人千面"的精准营销，从而避免对无关用户的过度打扰，减少自身输出。

3. 业务诊断

业务诊断就是利用数据对人、货、物的关联度进行分析。在新零售体系中，人和货才是后端的实质性内容，数字化作为核心动力，将生产、渠道和用户一并数字化，使整个零售过程更加高效。

4. 活动运营

活动运营就是指对全渠道、全触点进行运营。这种运营基于用户之间、用户与物之间、用户与媒体之间、购物场所之间高度联结的背景，使得用户决策方式的改变不再孤立，商家的全渠道、全触点运营可以延伸到用户的全视角下：通过线上数据的全搜索、线下数据的把控，商家在目标用户的消费决策中占据着重要的位置，甚至是主导位置。商家对用户需求偏好的挖掘，最终都会反映在对用户消费行为的引导上。

5. 数据持续迭代

数据持续迭代能让商家更准确地定位、更高效地吸引用户。数据迭代所呈现的就是用户在每一个时间点的消费状况，这能够让商家适时地掌握用户最新的需求动向，来跟随用户的脚步，以用户为中心进行产品的更新，赋予产品更多的价值。数据迭代产生的新数据就代表着产品发展的新方向。

优质渠道，造就完美的全场景体验

渠道是商家营销信息的传播通道，如今，人们的需求差异化越来越明显，不同的渠道一般对应着不同的人群，也就是对应着不同的用户，通过优质渠道传播营销信息是实现场景营销的一种高效策略。

◎场景营销的投放渠道

场景营销的投放渠道比较多，主要有以下几类，这些场景投放渠道都有自己的特点，对应着不同的用户群体。

1. PC端再现传统购物场景

PC端是以电脑为中心的一种较为传统的场景投放渠道。商家可以通过网站、软件进行视频、音频、图片等营销信息的传播。

例如，很多企业会直接将产品陈列在自己的网站上。现在，PC端的信息传播路径逐渐丰富。如图4-4中的这些载体，逐渐成为信息传播的主要媒介。

论坛推广

知乎、贴吧等是场景营销的阵地，企业通过开立账户发布营销信息供大家浏览讨论

搜索引擎竞价推广

在使用关键词搜索信息时，用户一般都喜欢点击搜索引擎中排名靠前的网站进行查看，所以企业可以使用搜索引擎竞价推广来使自己的网页排名靠前，从而被更多的用户点击浏览

电子商务平台

淘宝、京东、唯品会等电子商务平台因为简单、灵活，可以依据自身优势吸引很多的用户

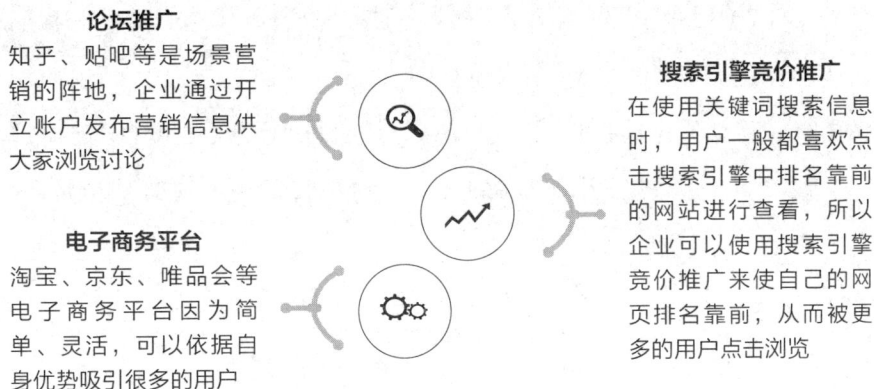

图4-4　信息传播的主要媒介

2. 手机App+小程序构建移动端购物场景

移动端营销渠道主要由手机App和小程序组成。

手机App是将商家和用户连接起来的有效通道，只要手机App停留在用户手机中，那么商家就一直有机会向用户发送信息。手机App内的营销方式一般有以下几种，如图4-5。

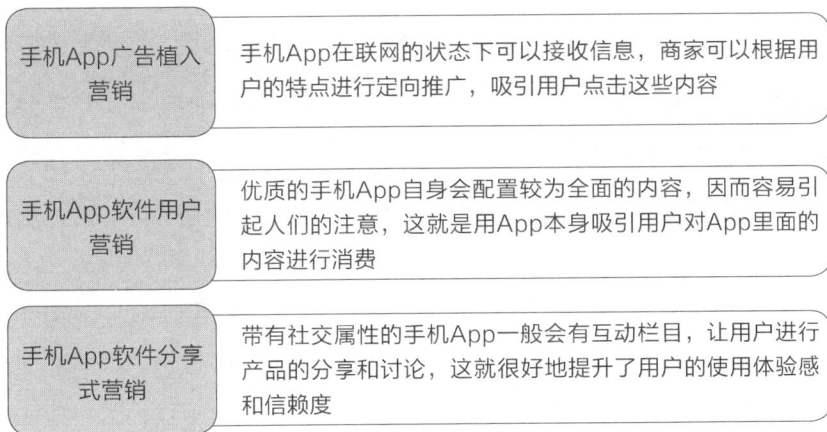

手机App广告植入营销	手机App在联网的状态下可以接收信息，商家可以根据用户的特点进行定向推广，吸引用户点击这些内容
手机App软件用户营销	优质的手机App自身会配置较为全面的内容，因而容易引起人们的注意，这就是用App本身吸引用户对App里面的内容进行消费
手机App软件分享式营销	带有社交属性的手机App一般会有互动栏目，让用户进行产品的分享和讨论，这就很好地提升了用户的使用体验感和信赖度

图4-5　手机App内的营销方式

3. OTT（指通过互联网向用户提供各种应用服务）渠道实现家庭化场景

OTT渠道的家庭化场景主要依靠OTT TV（互联网电视）的普及和家庭互联网的接入而实现，这种对传统电视的改革让人们对家庭电视的自主选择性增强，实现了"想看什么就看什么"的转变。在家庭互联网的协助下，OTT TV将是家庭化营销场景的主要通道。OTT TV家庭化营销场景的构建主要是通过对数字电视进行广告投放来实现的，其具体广告投放形式如图4-6。

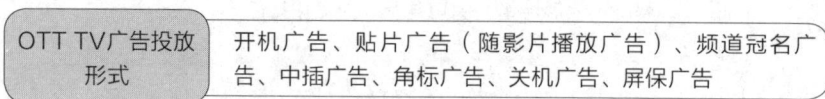

OTT TV广告投放形式	开机广告、贴片广告（随影片播放广告）、频道冠名广告、中插广告、角标广告、关机广告、屏保广告

图4-6　OTT TV广告投放形式

这些广告中，最能让观众关注到的是开机广告。通过OTT TV广告投放，就可以营造一个以家庭为核心的营销场景，为场景营销打开一条新通道。

4. IOT（物联网）渠道实现万物互联场景

物联网技术作为互联网技术的延伸，能实现人与物的信息交流和置换。要想在物联网造就的数字化和智能时代构建出完美的营销场景，就需要朝着智能化的方向设计产品，越是智能化的产品越能打动消费者。为了让用户体验到物联网下的智能化和科技感，企业就需要从数据分析下手，用优秀的数据分析师代替传统的营销人员，利用数据对用户喜好进行分析，向用户展示最能满足他们心意的产品，从而实现营销。

◎**场景营销渠道的细节设置**

场景营销除了要有丰富的通道之外，还需要对这些通道进行细节上的优化设计，这样就能在更深的层次打动消费者。场景营销渠道的优化主要从以下几个方面着手。

1. 融合线上、线下营销，合理布局渠道

线上、线下营销并进成了很多企业的选择，并且结合数字化，对传统的门面、产品、营销方案、运营团队、通信支付等进行联动改造转变，再配合全方位的服务、会员制的管理，就可以很好地打通线上、线下产品的销售通路。

2. 设计图文精美的渠道产品

为了提升品牌的知名度、记忆度，就需要设计精美的营销图文。在设计产品图文时，最重要的是抓住用户情绪。例如，麦当劳的开心乐园餐所附赠的玩具在不知不觉中已经赢得了孩子的青睐，甚至一些大人都愿意点一份开心乐园餐，借助这些附赠的玩具来回味自己的童年。这就是麦当劳的营销策略，其稳稳地抓住了小孩对玩具的喜爱和大人对童年纯真的不舍，餐品附带玩具的形式很好地吸引了消费者。

3. 让新科技元素给渠道注入体验感

科技带给场景的体验感主要体现在AI和VR技术的融合使用中。VR进入营销行业，带给消费者的沉浸感与刺激感能让消费者感同身受，乐意参与到这样的体验中，这就无形中拉近了品牌营销与用户之间的距离。

营销内容才是场景的主宰

要想让产品在互联网的大潮中有更多的传播机会，被更多的用户选择，那么产品的内容就是关键。优质内容不仅是用户的需要，也是打动用户的根基。所以在内容为王的时代，要想带动用户，就需要在内容上下功夫、多打磨，赋予内容更多的价值，以此来引导用户的消费方向。

◎内容为王，才能带动消费

内容为王，就是要专注于内容，通俗地讲，就是内容都为"干货"。

1. 小众、个性的内容更能展示品牌形象

小众营销是营销界的一种新潮，其诞生于人们消费观念由功能消费转向价值消费之后。小众营销针对少部分人实行精准化的营销，更关注的是每一个用户的内在需求，然后有针对性地满足用户需求。在小众营销中，也强调用户内部的互动，力求让用户参与到品牌的设计中，注入品牌更多的个性化元素，形成独具特色的品牌形象。

2. 内容实用也是用户的选择依据

内容实用就是要让产品的内容变得更加优秀，优秀的内容将会有更多的追随者。因此，在注重内容实用方面，商家需要对内容进行精简、整合、创新设计，这样就能够让最实用的内容呈现在消费者的眼前。例如，很多学生在选择考研培训机构时，逐渐将名师而不是培训机构的声誉作为考虑的重点。

3. 质感和艺术性是内容的必备

随着文化的繁荣、潮流的冲击，人们的文化艺术追求和审美意识有所提升，人们在消费的过程中，也越来越看重产品本身的质感和艺术性。那么，把艺术融入产品中，在提高产品价值的同时就会引导用户的消费倾向。例如，2018年年初，小米公司通过创作以世界名画为内容的视频短片，不仅展现了科技与艺术融合的美学新体验，同时也精准地传达了小米MIX 2S手机的新功能，这一举动成功吸引了用户对小米MIX 2S手机的关注。

用创意赋予营销内容艺术性，有以下两种方法可以借鉴，如图4-7。

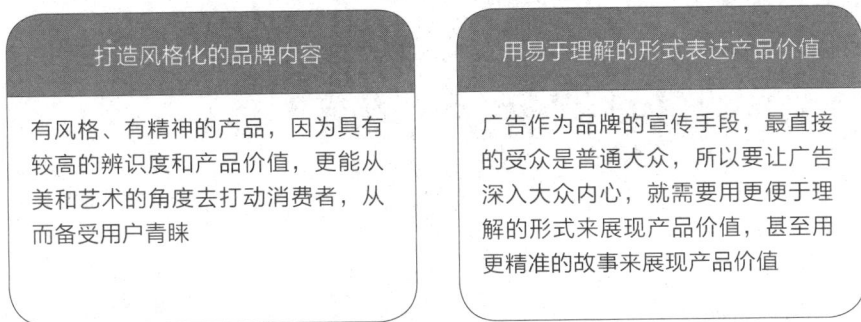

打造风格化的品牌内容	用易于理解的形式表达产品价值
有风格、有精神的产品，因为具有较高的辨识度和产品价值，更能从美和艺术的角度去打动消费者，从而备受用户青睐	广告作为品牌的宣传手段，最直接的受众是普通大众，所以要让广告深入大众内心，就需要用更便于理解的形式来展现产品价值，甚至用更精准的故事来展现产品价值

图4-7　创意营销赋予内容艺术性的方法

◎赋予内容灵魂，引导用户消费

场景营销除了要让内容饱满之外，还需要让内容更有灵魂，也就是内容要尽可能地带动用户的情绪。

1. 内容要能戳中消费者的心理

在激烈的商业竞争中，要想让产品脱颖而出，必须让产品的定位超出功能性的层面，朝着品质和价值层面进阶。这就要求产品在保证功能性的基础上更贴近用户情感，也就是产品的"内容要引发用户共鸣：平凡中不失笑点、泪点、吐槽点"。例如，我们熟知的999感冒灵虽然是一款感冒药，但是历年的广告宣传将它定义为一款暖心药，"暖暖的，很贴心"。从《有人偷偷爱着你》的微电影式广告到《想你的999天》，999感冒灵基于消费者对于轻微感冒不愿吃药的洞察，主打暖心感冒药。

2. 二次元亚文化赋予内容另一种特色

二次元亚文化消费是年轻消费群体的主打，尤其"90后"消费群体在成长过程中接触了众多的二次元亚文化，因此，他们热衷于附带二次元亚文化元素的产品。

3. 内容要能带动用户的分享欲

社交需求增强的今天，产品除了要满足用户基本的功能需求之外，还需要通过社交营销分享，因为社交是表达大众情感的重要途径。要想通过有效的社交影响让产品走出去，可以借鉴以下几点，如图4-8。

主题营销	互动营销	好奇心营销
在营销之初就为活动确定一个足以引起用户兴趣的主题，并邀请用户参与，从而构建话题热度，最后达到传播目的	发布一些具有挑战性的话题，激发人们的求胜心理，人们会对内容进行更大范围的传播	设计一些新颖的创意，人们在好奇心的促使下会纷纷观摩效仿，从而达到传播效果

图4-8 社交营销对产品的带动

品牌：赋予场景营销更多的价值

一个响当当的品牌所传递出的信息，既是一种文化的烙印，又是一种价值的体现。好的品牌，既能传达出企业的实力，也能传达出特有的魅力。所以，在营销中，品牌的塑造和优化显得至关重要。用品牌铸造产品，吸纳用户，不仅有利于企业价值的提升，更有利于品牌价值的升华。

以下四大品牌营销策略可以起到重要的作用，合理运用这些策略，能够很好地助推企业树立自己的品牌形象，进而在场景营销中实现品牌营销。

◎塑造品牌个性

要想塑造一个完美的品牌形象、赋予品牌独特的魅力，就需要企业在打造品牌的过程中内外兼修：在保证产品的内在质量、带给消费者完美服务体验的同时，提升产品的外观价值。这就是通过"优质的产品服务+独特的产品包装"来实现品牌营销。

例如，护肤品牌御泥坊以民间进贡给慈禧的"御泥"这一传说增加了品牌的神秘色彩，很好地激发了用户的好奇心。此外，御泥坊销售团队提供了精心和贴心的完美的用户服务，这样，品牌文化加上到位的服务，使得御泥坊的口碑在消费者之间传播得越来越广。同时，御泥坊以"至纯至净，御美有方""独有配方，天然取材，匠心制造"为品牌理念，走上了打造和发展品牌的道路。

◎加速品牌传播

移动互联网给企业带来了更充裕的营销渠道，商业模式更加多元化。花样百出的营销手法让企业走上了这样的传播推广的道路："广告创意+促销组合+公关活动"。

例如，以自我表达为定位的江小白酒的品牌传播路径可谓是"无孔不入"。通过在瓶盖上加印二维码塑造了一款表白瓶，用户扫码表达自己的心声并上传照片，就能有机会出现在江小白酒的瓶身上在全国范围内上市。此外，江小白酒与两点十分动漫联合打造了动画——《我是江小白》，同时联合爱奇艺、腾讯视频、B站（哔哩哔哩弹幕网站）等视频平台进行线上播放。《我是江小白》作为一部优秀的国产动画，给人留下了深刻的印象，同时也更广泛地传播了江小白酒的品牌。江小白酒还进行跨界，通过江小白经典语录系列、江小白"我不"系列、同道大叔款、《见字如面》款以及在《好先生》《从你的全世界路过》等众多影视中的植入，开启了全方位的品牌营销传播。

◎促进品牌销售

要促进品牌的销售，就需要给品牌赋予更多吸睛的色彩。例如影视明星热点等就是超级IP，能非常迅速地抓住消费者的眼球。这就有了新的促进品牌销售的策略："热点营销+名人营销+活动营销"。

例如，2017年某电视剧热播时，女主角的"十里桃花妆"在网络上引起了非常热烈的讨论，很多人期待着自己可以拥有女主角那样的桃花妆。正是基于这样的消费需求，化妆品牌雅诗兰黛顺势宣布该剧的女主角为品牌在亚太地区的代言人，同时该剧女主也表示自己对雅诗兰黛品牌非常忠爱。于是，在"十里桃花妆"和"明星同款"的风潮下，雅诗兰黛在微博话题的热度持续飙升。借着这样的势头，雅诗兰黛顺势推出了旗下的多款美妆产品。

◎优化品牌管理

随着收入水平的提升，人们的享受需求更加多样化。同时，科技进步和产业革命推动了技术的发展，这使得行业之间的竞争日趋激烈。所以品牌不能始终"高冷"，越是贴近消费者的品牌越能走进消费者的生活。所以，需要用"营销制度+品牌维护+团队管理"来优化品牌管理。

例如，餐饮品牌gaga鲜语的特点是将"茶饮、轻食、社交空间"结合起来，打造了一款社交型轻餐品牌。该品牌创立之初的构思是打造一款中国版的星巴克，来为人们提供渴求的社交空间和优质服务。正是基于这样的创立理念，gaga鲜语在发展过程中一直坚持：标准化管理——完备的会员系统、管理系统，打造超强的消费者感知——极富设计感、具有社交属性的就餐环境，鲜活的产品运作——发展创造性茶饮、轻餐。gaga鲜语正是因为能够深耕消费者感知，才将品牌夯实在消费者心中，为自己的品牌传播注入了鲜活的动力。

最优质的服务，也最能深入用户的心底

当前，产品之间的差异性正在减小，人们的消费选择也因为产品的同质化而减少了许多，很多产品很优秀，但是太多的替代品会阻挡在它们与消费者之间。那么产品要如何走出这样的发展困境呢？其实，当我们在产品层面无法很好地吸引消费者时，我们就需要用附加的服务来打动消费者。这些附加在产品上的服务，可以是产品功能的细分服务，也可以是产品购买过程中的快捷交易服务，还可以是产品购买后优异的售后服务。

◎以产品功能为基础做好产品细分

商业的每一步发展都会带来消费需要的改变。也就是说，随着经济的发展，人们会改变消费理念，寻求更能让自己获得有效收益的消费。所以，这就需要商家在产品上下功夫，在让产品满足基本功能的基础上，尽可能地做出细分，以此来满足不同消费群体的需求。

例如，饮用水品牌农夫山泉矿泉水分别瞄准了高端、幼儿和学生群体。农夫山泉执行着严格的天然矿泉水标准，其在产品外观包装上也做了丰富的构思，针对不同的群体有不同的设计，这就使得天然生态和人文气息融入了品牌。农夫山泉还针对使用场合的不同，细分出了家庭、后厨、会议用水。就家庭用水而言，其根据容量的大小，又可以细分为4L、5L、12L、15L等。农夫山泉矿泉水这一产品细分出了多种类型，从而逐渐占有了一定的市场份额。

农夫山泉的成功让我们看到了产品细分的重要性，那么一款产品如何才能做好产品细分呢？图4-9中的这些产品细分技巧可以作为参考。

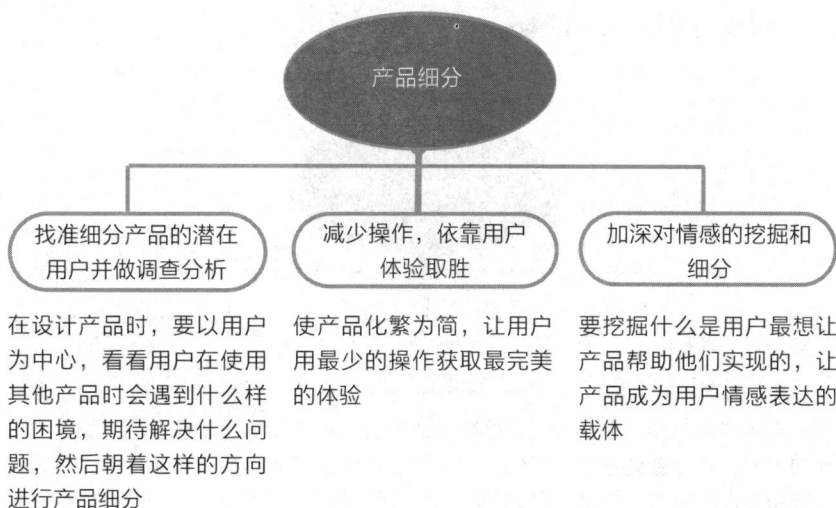

产品细分

找准细分产品的潜在用户并做调查分析	减少操作，依靠用户体验取胜	加深对情感的挖掘和细分
在设计产品时，要以用户为中心，看看用户在使用其他产品时会遇到什么样的困境，期待解决什么问题，然后朝着这样的方向进行产品细分	使产品化繁为简，让用户用最少的操作获取最完美的体验	要挖掘什么是用户最想让产品帮助他们实现的，让产品成为用户情感表达的载体

图4-9　产品细分技巧

◎用快捷交易服务构建完美购物体验

在新零售时代，在消费者接触到产品时，就要尽可能地让产品释放出自己独特的服务文化与气息，使用户在感知产品本身功能的同时，还可以感受到其附加的服务，以及舒适、愉悦的购物体验。

例如，国内生鲜行业的代表盒马鲜生将服务精神贯穿到了极致。盒马鲜生的线上下单能让购买行为随时随地发生，而且消费者还能享受送货上门服务；盒马鲜生推出了电子价签，其清晰地将商品的品名、价格、单位等信息完整地呈现给消费者，消费者只要用手机App扫码，就可以将产品加入移动购物车；

盒马鲜生还推出了一站式的消费享受服务：在实体店内，消费者除了可购买食材之外，还可以进行食材加工，在休闲、惬意的环境用餐，这种一站式服务将购物和用餐融为一体，在给消费者超乎寻常的购物体验的同时，也让自己的营业收入快速增长。

为了让用户深刻感知到产品所蕴含的服务体验，需要从以下几个方面设计产品的全过程交易服务，如图4-10。

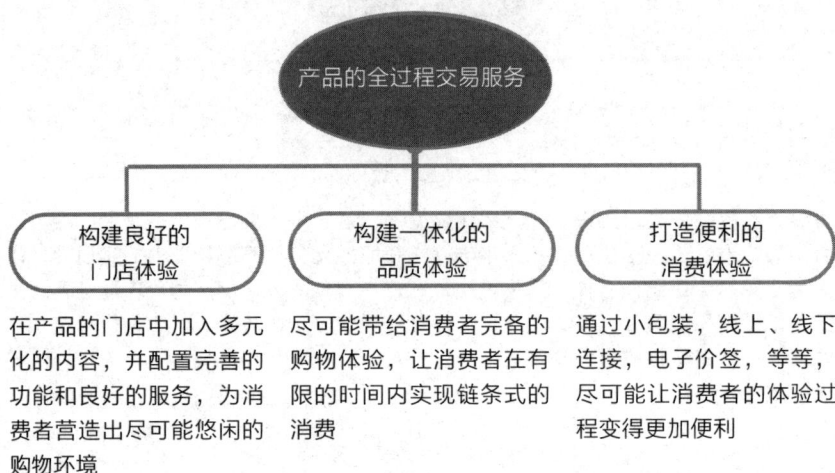

图4-10　产品的全过程交易服务设计

◎用差异化售后服务留住客户

商家优质的售后服务除了可以维系老客户之外，还能通过口碑吸引新客户。所以，面对消费升级，产品的售后服务也要升级，这才能让产品一条龙的服务模式贯穿到底，让消费者在感知产品服务的同时，继续获得溢价满足，进而让产品深深扎根在消费者心中，扩大产品的影响力，为企业带来更多的效益。

例如，海底捞以精致到位的服务闻名全国，我们知道，海底捞的服务从消费者进店开始，一直到等位、用餐、结账才结束。具体来说，海底捞门店门口，一般会有员工站在最显眼的位置引导消费者进店；而如果需要等位，消费者在等候区就会享受到免费的小食、茶水、共享Wi-Fi、美甲等服务；在用餐时，服务员会给有需要的消费者提供免费的眼镜布、发圈、装手机的塑料袋、避免汤汁溅到衣服上的围裙等；结账时，大学生还可以通过学生认证在规定时间内享受6.9折的优惠。此外，如果碰到消费者生日、结婚纪念日等，海底捞的服务人员还会主动送上祝福和礼物等。在海底捞营造的细致服务里，消费者可以体会宾至如归的感觉，正是这种独到服务抓住了消费者的心理需求，让海底捞的口碑越来越突出。

　　致精致细的服务是打动消费者的关键，根据产品特性和用户特性进行差异化的服务管理，更能帮助产品或品牌快速走向市场。

【场景说】优质品牌在场景营销中的进取之路

在科技的带动下，新零售成为企业发展的助推器，借助新零售，优质品牌走出了传统零售的限制，步入了新的发展轨迹。新零售是一种充满鲜活生命力的经营模式，品牌要想在这样的氛围中成长、传播，实现场景营销，就需要抓住这样的契机，既可以拥抱新鲜的营销风向，也可以将品牌融入大众生活的场景，能接地气，又不失气质。此外，品牌还需要摆脱自己以往高高在上的形象，打造更加亲民、更能与用户交流的营销场景。

打造一个优质品牌不是一件易事，让一个优质品牌在用户中保持生命力和新鲜感需要时间和精力。可以说，为了让品牌在场景营销中走得更远，就需要走精雕细琢的进取之路。

拥抱"新"群体，走近用户，才能提升品牌活跃度。

在新零售的时代背景下，品牌要想抓住扩散的机会，就需要拥抱"新"群体。"新"就是指年轻一代，因为在消费大潮中，年轻人的贡献越来越大，而且年轻人的消费更多样化、差异化，潮流、话题、热点等成为年轻一代消费者的消费追求。所以，为了更好地抓住营销机会，就得想方设法地靠近年轻一代的消费者，用新鲜、潮流、时尚的年轻元素满足他们的心理诉求。这样，在年轻群体中，品牌的活跃度会得到更高的提升。

例如，脑白金品牌一直是中老年消费群体的"标配"，但是，脑白金也有"年轻态"的情况，主要表现在其与NOCAO（弄嘲）品牌的跨界合作上。NOCAO品牌以街头涂鸦、滑板运动等出名，这种表现正好是年轻人的姿态。脑白金和时尚"弄潮儿"的结合，在给我们呈现一股新奇喜感的同时，也让我们看到了品牌跨界走向"年轻态"的可能。

品牌要接地气，润物细无声地融入生活场景，赢取人心。

在物质极其丰富的今天，消费者的选择增多了，却越来越挑剔。对于人们的消费，企业的暗中指引变得越来越重要，所以品牌能否融入人们的生活、亲近大众，在潜移默化中影响人们的消费选择，成为品牌走向大众的一个重要途径。

那么，如何让品牌去靠近大众，融入大众的生活呢？我们可以通过以下策略来实现，如图4-11。

找到目标用户在生活中存在的某种冲突
冲突就是人们在生活中面对的各种问题，要让品牌融入人们的生活，就需要寻找人们在生活中会遇到的问题

提供用于解决冲突的产品
在找到人们生活中会遇到的问题之后，我们就需要用产品去帮助人们解决这些问题，从而让大众对品牌产生好感

绑定生活场景
如果品牌可以和生活中的场景绑定，那么人们就可以触景生情般地在这样的场景中想到该品牌。因此可以从这些冲突中选择一个最有效的来绑定品牌

图4-11　让产品走向大众的策略

通过该策略给品牌绑定一个生活场景，就能"融情于景"，让人们自然而然地与场景接触，从而实现品牌传播。

品牌不能一直高高在上，要用亲民姿态增强用户体验。

我们知道很多品牌在发展的过程中会形成一种自己特有的风格，如尊贵、奢华、高端等。就品牌而言，要想与大众保持亲近，那么在场景营销的过程中采取以下一些举措，如图4-12，能更好地化解自己的品牌定位困局。

让场景融入与用户感知相一致
为了让场景与用户感知相一致，在场景营销中，商家要尽可能地紧扣产品的主题。例如，对于奢华品牌，就要注重大气、稳重等，让品牌多展现与自己定位相关的元素

交易过程符合用户直觉
在场景中，商家要尽可能地让品牌与用户感官体验相结合，用更加自然、科学的视角将品牌的特性完美地呈现在消费者眼前，让消费者感知能与品牌所传达的信息保持一致

用情感化设计触动用户
情感化就是要在场景中加入情感元素，这样就更能打动消费者，增强用户的体验感，进而让品牌变得更加人性化、产品更加个性化

图4-12　产品品牌定位困局的化解举措

品牌的场景营销需要从用户的需求出发，发掘用户最喜闻乐见的消费需求，适时地融入品牌，让品牌以更加亲民的姿态面对消费者。

第五章

⊙

不同的营销模式，满足不同用户的场景体验

⊙

　　为了增加销量，企业在营销推广的过程中一定要掌握用户的需求，多询问用户的想法以及用户需要解决的问题。让用户说得越多，就越能获取更多有用的信息，越能了解用户，进而找到更适合自己的用户。在了解了用户的基础上，就需要用不同的营销模式与用户构建营销关系。对用户进行细分、建立不同的营销渠道、进行精准化的场景营销，这逐渐成了商家营销的新势头。

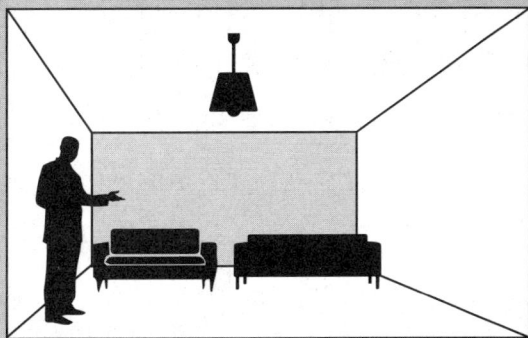

LBS场景营销：精准化的消费体验

LBS（Location Based Services）指基于位置的服务，其以地理位置为基础，通过提供定位服务而被大众青睐，尤其在互联网时代，借助移动网络和GPS技术，LBS技术在商家的营销推广中被越来越多地采用。商家利用该技术在准确获取用户的即时位置信息的同时，会通过移动端入口将用户导入自己的平台，然后为用户提供增值服务。这就为LBS技术赋予了更多的商业价值，在移动化的碎片时间和场景中，LBS更能为人们提供随时随地的服务，让全场景体验时刻在人们的生活中上演。

◎LBS营销下的商业价值定位

总体来说，LBS所具有的商业价值，主要体现在终端客户上：为用户提供更多的场景需求解决方案；搭建新的场景，为用户创造意料之外的场景。归根结底，LBS商业价值的最终定位还是为消费者提供精准化的营销服务，这样不仅可以让企业实现价值的最大化，还能让消费者在更加完备的场景中获得最佳体验。各大商家一般会从以下几个方面来实现LBS商业价值的最大化，如图5-1。

借助LBS精准营销

LBS的最大价值就是用户的即时定位，这可以将商家、场景、用户实时地联系起来，让商家在实时了解客户的生活方式、行为习惯、兴趣爱好等的基础上，构造实时的营销场景，精准地为用户服务

通过实体商家和社交网络的结合，提升用户忠诚度

商家除了可以借助实体店的会员卡、折扣券实现营销之外，还可以利用LBS平台的线上签到数据、消费数据等为消费者提供相应的优惠和折扣，与此同时再对用户进行细分，人性化和个性化地满足消费者的需求体验，进而让用户对商家产生好感，保持忠诚度

借助LBS实现口碑传播

LBS所具有的搜索记录、拍照上传等功能，可以将产品通过社交途径传播得更远，对于商家来说，这就在无形中实现了自己的口碑传播，从而吸引到更多的消费者

发现用户需求，提升服务质量

LBS能对用户生活进行更细致的挖掘，发现用户在生活中的细微表现，将用户需求清晰地呈现给商家，商家可以依据这些需求信息为用户提供更加精准化的服务，提高服务质量

图5-1 LBS商业价值的最大化途径

LBS营销是移动互联网时代特有的一种新型营销模式，其本质是基于用户地理信息的精准化互动式营销，更加注重用户的参与体验，以资源的共享和互换作为核心。

◎LBS场景营销的特性与应用

LBS场景营销最明显的特性就是智能化、个性化和场景化。我们通过LBS场景营销的三大应用实例来理解LBS场景营销的特性。

1. LBS与生活信息的结合

LBS与生活信息的结合是指人们可以将自己在一些场所（餐厅、理发店、电影院等）或场景中的体验通过LBS平台分享到社交平台上，并对自己的消费内容进行点评。

消费者的分享和评价是对商家口碑的又一次传播；而其他消费者通过了解社交平台上的分享信息及评价，就能找到更加适合自己的商家或产品。

2. LBS与物流货运车辆的结合

LBS与物流货运车辆的结合主要通过一些物流App来实现。例如，通过物流App，客户就可以预约取件、接收送件提醒、实时查询物流等，这就使得物流信息变得更加透明，实现了可视化。此外，对于物流公司而言，其可以通过实时定位来实现物流资源的整合，从而让资源得到有效的利用，节约运营成本，提升物流效率。

3. LBS与酒店预约的结合

传统的酒店服务模式都是提前预约、上门住宿，在这种经营模式下，客户一般无法对酒店的实时情况（房间数量、房价标准、优惠活动、周边设施等）进行了解，同时酒店也无法对用户需求进行了解，二者都是基于对彼此的不了解来进行服务和被服务的。而借助LBS场景营销，商家可以和消费者进行更加有效的互动，使酒店与客户建立一种更加积极主动的关系。例如，商家通过推出一些限时签到奖励、邀请好友签到团购等优惠让利活动吸引更多的用户登录LBS平台，对酒店的各项信息（房间类型、价格、优惠活动等）进行查询了解。

LBS营销与人们本地生活的有效结合在方便用户消费体验的同时，也给了商家更多的机会，二者基于LBS平台服务共同受益。

◎二维码下的移动互联营销场景

在二维码的普及下，移动互联网时代的营销场景变得更加丰富，二维码记录的信息进一步丰富了场景营销。于是，各种各样的二维码营销场景开始出现：扫码网购、扫码支付、扫码了解详情、扫码听音频、扫码看视频、扫码乘车等。一个二维码，成了很多信息的载体，方便了人们的生活。同样，一些企业也很好地使用了二维码：扫码进入企业的网站进行站内互动，设计包括促销信息的二维码吸引客户，用二维码来展示企业的信息和形象，贴码进行防伪等。

实体店同样可以对二维码进行深度使用，构建出基于二维码的营销场景，发挥二维码的实用价值，如图5-2。

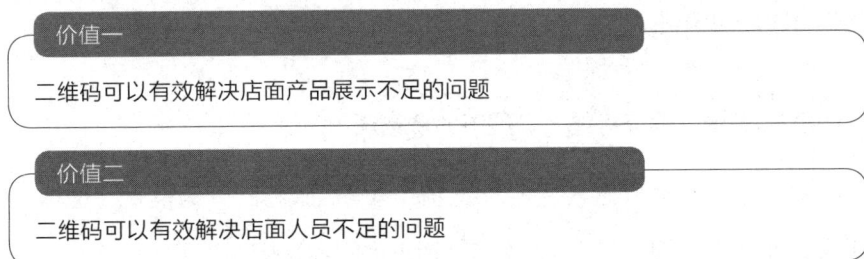

价值一

二维码可以有效解决店面产品展示不足的问题

价值二

二维码可以有效解决店面人员不足的问题

图5-2　二维码在实体店的实用价值

O2O场景营销：无缝衔接碎片时间与场景

O2O作为互联网营销模式下的一种新型营销模式，在满足人们线下消费需求的同时，也为人们开拓了线上消费路径。各类线上、线下营销模式的成功也告诉我们，在互联网时代，O2O营销会是场景营销中的一股主力，我们很多的消费行为都通过线上下单、线下配送完成，这种省时省力的营销模式丰富和优化了我们的消费环境。

◎O2O场景营销连接线上、线下消费场景

O2O场景营销通过连接线上与线下，构建出独特的营销模式，这种消费模式的优势明显，实现了产品思维与营销思维的有效结合。

1. O2O模式下的场景营销优势

O2O营销模式的优势主要体现在对用户消费的培养，进而扩大营销范围，如图5-3。

O2O营销模式下的场景营销主要体现在网络平台与线下店铺的有效结合，这种场景化营销模式的持续不仅要连接线下店铺和网络平台，还需要利用网络平台提供的数字化便捷通道了解用户，发现用户更多的需求信息，适时地完善营销场景。

对用户消费行为的培养	对营销范围的扩大
营销场景的构建是以用户为基础的，当用户处在营销场景中时，可以更进一步认识自己的消费需求，从而发生消费行为	场景营销可以很好地满足用户的消费需求，因而能够吸引更多的用户加入进来，甚至通过用户的分享行为吸引其他用户继续加入这样的营销场景中，从而在扩大营销范围的同时提高商家影响力

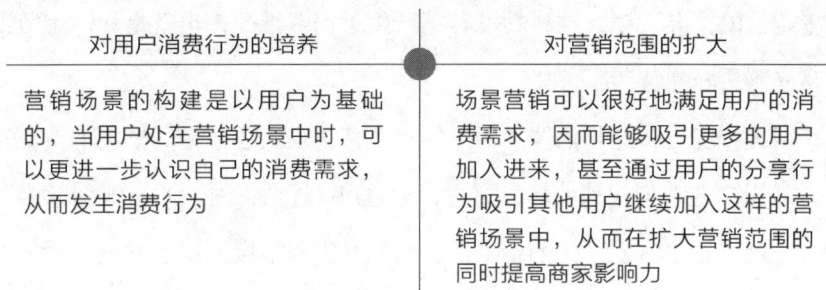

图5-3　O2O模式下的场景营销优势

2. 产品思维与营销工具深度结合下的O2O营销

在O2O营销模式中，为了让营销场景更加有吸引力，还需要深度结合产品思维和营销工具，如图5-4。

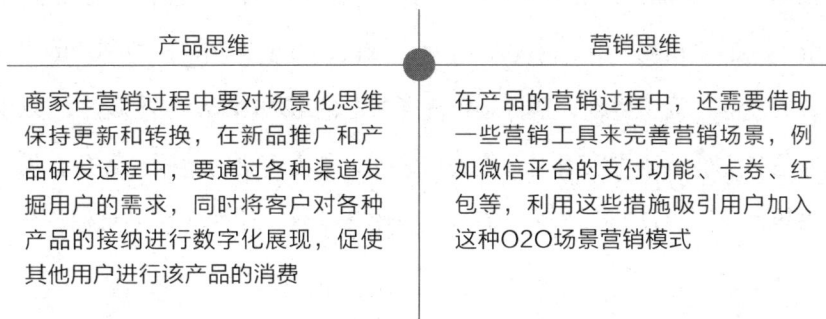

产品思维	营销思维
商家在营销过程中要对场景化思维保持更新和转换，在新品推广和产品研发过程中，要通过各种渠道发掘用户的需求，同时将客户对各种产品的接纳进行数字化展现，促使其他用户进行该产品的消费	在产品的营销过程中，还需要借助一些营销工具来完善营销场景，例如微信平台的支付功能、卡券、红包等，利用这些措施吸引用户加入这种O2O场景营销模式

图5-4　产品思维与营销工具深度结合下的O2O营销

如今，人们的购物、就餐、娱乐等都借助O2O营销模式进入了便捷化和智能化的场景，极大地方便了人们的生活。并且社交分享让产品有了更加有效的传播途径。

◎LBS+O2O实现消费半径上的精准营销

通过LBS的位置服务和O2O对线上、线下消费场景的连接，可以构建出基于位置定位的精准营销，这种精准营销产生了消费半径，也就是让一定范围的用户享受到更好的营销服务。

在很大程度上，这种消费半径上的精准营销模式还融合了推荐消费。具体来说，当用户进入某一消费场景之后，通过LBS营销将附近的商家继续推荐给消费者（这里的"附近"指消费半径，例如一座写字楼的周边通过步行就可以较快到达的位置）。在这样的主动推荐下，消费者就可以根据自己的消费意愿主动地选择商家或产品进行消费。这就是精准营销。这种基于LBS根据用户位置的推荐营销，结合个性化的定制服务，能让用户得到完美的消费体验，同时还能通过社交分享实现商家口碑的传播。

例如，以点评起家的大众点评，配合O2O营销模式和百度地图，以团购、优惠券、推荐的方式为大众提供服务。其对用户个人进行了高度的关注，在大众点评的"我的"个人中心，各项信息设置得十分完备，将用户的点评、签到、关注等进行了整合，极好地扩充了用户的各项体验。用户除了可以了解自己的信息之外，还可以对附近签到用户的评价内容进行察看与评价，增强了用户与用户之间的互动。当然，通过社交媒体平台，用户还可以将体验之后的商家分享出去。

O2M场景营销：以体验为中心的全场景消费

O2M场景营销模式是移动互联网时代的一种新型营销模式。在O2M场景营销模式中，场景和营销渠道是两个关键点。场景是商家为消费者提供的一种以满足消费者个性需求为主的服务模式，而渠道是指商品在企业与消费者之间的流通路线。场景可以分为渠道场景和渠道外场景。渠道场景会充分利用各种渠道最终实现成功交易，渠道外场景不需要借助渠道就可以完成交易。

◎从渠道构建来理解O2M场景

在O2M场景营销中，渠道占据着重要的地位。

1. 以渠道为核心打造的场景

渠道在场景中占据着重要的核心地位。

2. 与渠道相结合存在的场景

场景与渠道属于并列关系。

3. 脱离渠道独立存在的场景

商家提供给消费者的所有产品和服务可以在任何渠道进行，也可以说消费者可以采用多种渠道完成一次购物体验。

基于场景与渠道这样的关系，在打造营销场景时，要注意以下问题。

1. 先从填补空白渠道着手

O2M营销模式下，线上、线下结合移动端构成了一个全覆盖的渠道网络，要打造购物场景，就需要让线上、线下渠道紧密围绕移动端来展开。在已有的营销渠道中，线上和线下渠道已经成熟，移动端渠道仍有较大的发展空间。要想在移动互联网的时代下构建营销场景，需要以移动端为主。

2. 打造配套齐全的线上、线下基础设施，助力打造移动端营销渠道

为了让移动端更好地为场景营销服务，就需要从打造线上、线下的基础设施着手。具体来说，线上要从价格体系、会员服务及引流等方面配合移动端渠道的打造；线下要从实体门店、各种营销活动、本地化服务等方面着手，在配合线上营销的同时为移动端提供流量引导、产品供应、物流仓储等。

◎打造脱离渠道的营销场景

脱离渠道的营销场景是指不依靠渠道的营销场景，这种营销场景的打造过程，需要通过以下六个环节来完成，如图5-5。

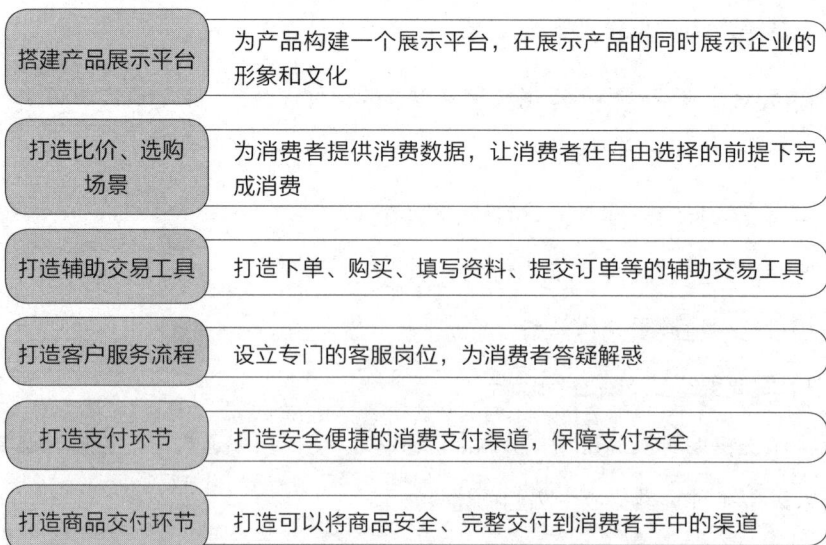

搭建产品展示平台	为产品构建一个展示平台，在展示产品的同时展示企业的形象和文化
打造比价、选购场景	为消费者提供消费数据，让消费者在自由选择的前提下完成消费
打造辅助交易工具	打造下单、购买、填写资料、提交订单等的辅助交易工具
打造客户服务流程	设立专门的客服岗位，为消费者答疑解惑
打造支付环节	打造安全便捷的消费支付渠道，保障支付安全
打造商品交付环节	打造可以将商品安全、完整交付到消费者手中的渠道

图5-5　脱离渠道的营销场景的打造过程

通过这些环节的打造、完善，可以将脱离渠道的营销场景更加完整地呈现给消费者。

◎O2M营销场景的构建通路

O2M营销场景中的"Online To Mobile"和"Offline To Mobile"代表着线下和线上的营销模式。在O2M中，关键的是"M"（Mobile），也就是说要将传统的流量汇集到移动端。为了让线上及线下的流量更加有效地转移到移动端沉淀下来，就需要对线上及线下营销渠道中的流量进行汇集。

1. 线上流量进入移动端的通路

要将线上流量汇集到移动端，就需要以企业拥有的平台为核心进行相应的战略调整，这个过程一般需要通过以下三个步骤完成。

（1）自主经营的线上平台的调整：添加企业的微信、微博等社交媒体窗口以及页面分享模块等，让流量从平台向移动端转移。将线上的邮件、电子杂志等与线下的画册、单页等结合起来为移动端引流。用移动端客户服务将用户转化为销量与会员。

（2）线上资源的调整：对线上销售平台与推广平台的资源进行有效调整，摆脱外界控制，加入二维码等连接工具，让流量向移动端转移。

（3）第三方电商平台的调整：入驻电商平台的企业的流量主要有店内流量和外部流量。店内流量需要从竞争者手中抢夺，外部流量的引导与自主经营的线上平台的流量调整相似。

2. 线下流量进入移动端的通路

企业进行线下流量整合时，要从以下三个层面展开。

（1）要注意企业的具体形象，对其进行适当的调整。企业的发展除了要得到市场认可之外，还需要得到社会的认可，这就要求企业积极地进行企业文化和企业发展理念的构建，让企业形象以更加积极的面貌展现在用户面前。

（2）注重门店拥有的资源，并对其进行有效整合。O2M模式对于地面店铺来说仍然具有很大的优势，线下门店要想引入流量资源，途径有这些，如图5-6。

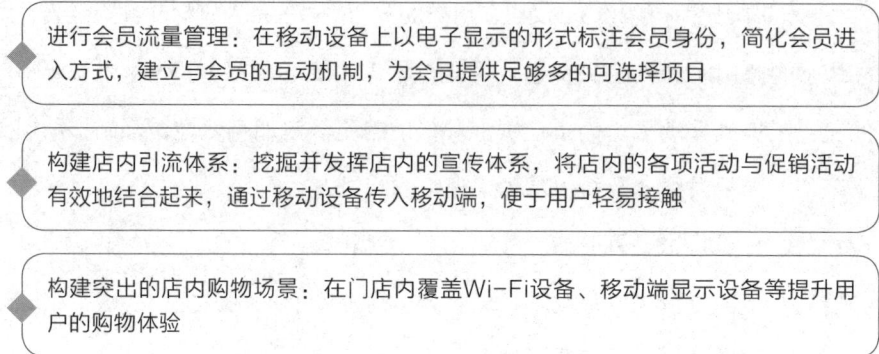

进行会员流量管理：在移动设备上以电子显示的形式标注会员身份，简化会员进入方式，建立与会员的互动机制，为会员提供足够多的可选择项目

构建店内引流体系：挖掘并发挥店内的宣传体系，将店内的各项活动与促销活动有效地结合起来，通过移动设备传入移动端，便于用户轻易接触

构建突出的店内购物场景：在门店内覆盖Wi-Fi设备、移动端显示设备等提升用户的购物体验

图5-6　线下门店引入流量资源的途径

（3）调整线下活动，利用事件进行营销，并关注其进展。商家除了在门店内进行营销推广之外，还可以借助一些事件和话题进行焦点营销，这可以很好地吸引大众眼球，增加品牌的关注度，间接地将流量引到移动端。

社群营销：造就场景社交营销好口碑

设置场景的目的是让商家与用户建立更加紧密的关系。而现实生活中，在社交软件的串联下，不管是熟人之间还是陌生人之间的关系型社交，都有着形成群体的趋势。有相同爱好及需求的人逐渐集聚在一起，逐渐形成了多种多样的群体，这些群体就是社群营销的基础。社群营销的成功与否取决于商家与社群成员之间的关系，商家与社群成员的关系越好，商家的产品销售就越容易，并且商家的产品越有竞争力，就越能吸引社群成员。

◎以用户为中心的社群营销

社群营销类似于关系营销，当社群成员对商家的产品形成依赖，或商家的福利能够极大地满足社群成员时，商家的社群营销就是成功的。这里，社群成员造就了社群经济，而社群经济让社群成员之间建立了以信任为基础的交易关系。所以，社群营销就是要以用户为中心。

在生活中，各种各样的社交群都可以作为社群营销的基础。例如，一些同学会、老乡会、明星后援会、兴趣部落等都可以作为社群营销的对象，这样的社群形成的社群经济还包含以下三大要素，如图5-7。

专注于高品质的产品和服务，并通过"社群+情景"来构建可以打动消费者的场景

粉丝+社群=用户，社群经济需要通过培养稳定的人际关系、搭建会员体系形成社交电商闭环

通过社群运营形成一种良性的推广关系，提升粉丝黏性，让社群中的粉丝成为产品的推销员

社群经济的三大要素

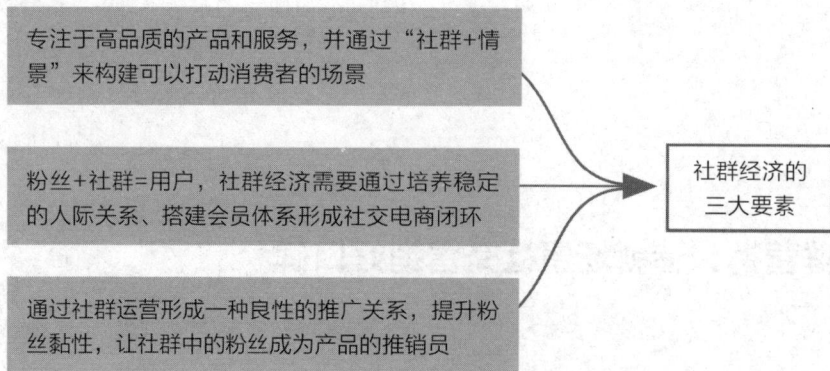

图5-7 社群经济的三大要素

当然，社群营销的终极目标就是为社群成员打造出富有参与感、归属感的场景，让社群成员被营销场景感动、成为商家忠实用户的同时，还可以主动地对营销场景进行再一次的分享传播。

◎用话题打造社群营销爆品

为了提高社群成员的黏性，用话题打造爆款产品是一种很有效的方法。爆款产品可以很好地让消费者动心、驻足。爆款产品的造就模式一般为"创造热门话题+社群聚焦传播+强化用户记忆"。

1. 热门话题的创造路径

有话题的社群才会更有活力、更有价值。如果可以创造出热门的话题，社群就会热闹起来，社群成员的兴趣也会被激发出来，进而使社群成员的参与度跟着提高。

社群中的热门话题从何而来呢？我们可以借助一些媒体平台来获得话题灵感。例如，非常吸引网友的微博热搜就是一个话题来源，我们可以在微博的"热门""头条""榜单"或其他途径中寻找适合自身产品的话题，然后将这样

的话题应用到社群营销场景中，进而实现产品的宣传。

2. 社群聚焦传播的路径

社群聚焦的实现还需要借助产品聚焦。所谓产品聚焦，就是精简产品范畴，将不适合发展的产品剔除掉，专注于少许优秀产品，并且集中精力和资源进一步优化，打造爆品。然后，在这样的基础上锁定目标用户进行聚焦传播，寻找人们的关注点，将相应的话题附加在产品上。

3. 强化用户记忆的路径

为了让社群中的用户对自己的产品有更深的认识和赞同，就需要让产品自身的优势通过场景完美地呈现，加深用户对产品的印象与认知。

场景化的商业在意的是让已有的用户成为自己产品的拥护者、忠实粉丝，而在社群营销中，这样的意图更容易实现，所以社群营销成了很多商家追随的营销模式。此外，社群成员的扩充也非常便捷，已有成员的分享行为可以将潜在的用户吸纳进来，不断丰富和壮大社群，利用社群营销场景实现营销。

内容营销：构建个性化营销场景

在营销过程中，内容是人们争夺和关注的焦点，这足以体现出内容的价值。在场景营销中，要抓住产品的内容价值，可通过品牌内容化和电商内容化两种途径，让产品的内容变得更加饱满，这样产品才会更有吸引力，才能在场景营销中胜出。

◎品牌内容化下的场景营销

品牌内容化下的场景营销除了关注品牌之外，还需要用内容对品牌进行包装，最终让品牌与内容实现完美的融合，目的是让用户为之心动，进而产生消费兴趣。例如，如今的广告宣传不再变得疏离冰冷，反而越来越靠近温暖和巧妙，呈现一种立体化和多元化的状态。内容是用户与品牌之间进行沟通的桥梁，可以为品牌打造出多维度的广告场景，在饱满的场景下，广告、内容、品牌三者合为一体，让营销场景变得和谐统一。

例如，咖啡品牌星巴克在开通微信支付之后，就在微信平台推出了一系列的创新的内容玩法，其联合微信共同打造的社交礼品场景体验"用星说"类似于数字化的咖啡券，用户可以通过"用星说"小程序给朋友送"咖啡+祝福"来表达心意，朋友收到礼品之后，在星巴克门店直接扫码就可以得到相应的咖啡。"用星说"包含诸多的娱乐内容，其通过有趣的送咖啡、送卡片等活动将内容与品牌进行了完美的融合，用户在消费的同时还进行了品牌的再一次传播，既满足了社交需要，也满足了心理诉求。

◎电商内容化下的场景营销

很多场景营销内容最终都要凭借互联网电商渠道走向用户。这主要表现为，在互联网的一端一般都会围绕大量的粉丝，粉丝通过互联网渠道了解产品的同时还会消费产品，分享产品的使用体验。可以说，粉丝既是产品的消费者，又是产品的推广者、宣传员。这就是电商内容化下的一种营销模式。

在电商内容化下的场景营销中，粉丝经济是非常重要的，是商家经济收益的主要来源。当然，这样的营销模式也让消费者对营销的内容有了更多的要求。例如，美妆直播界的红人李佳琦通过网络直播用亲身体验告知粉丝每种口红的效果，给出了选择口红的技巧，这种贴近生活的直播形式正好解决了很多消费者在口红选择上面临的痛点，所以李佳琦受到了粉丝的推崇，一瞬间吸引了大批粉丝，成为一位靠口红展示直播走红的网络达人。

这就是新型的电商模式，通过制造更加接近消费者生活的营销场景，能让消费者对产品进行身临其境的感知，让消费者更加立体地对一件产品进行感知，更清晰地了解产品本身的内容。在电商内容逐渐升级换代的情况下，直播和短视频等新媒体进入了电商渠道，它们之间形成了很好的配合及融合，成为电商营销模式中的重要内容，由此诞生了电商营销场景下的短视频内容和网络直播内容，如图5-8。

短视频作为一种影音载体，能够给人带来更加直观的感受。内容具有很好的互动性，且成本低、效率高、指向性强、传播快速、原创性高

电商营销场景下的短视频内容

电商营销场景下的网络直播内容

直播是一种流量变现方式，也是一种全新的内容展示方式，消费者在直播场景中既可以观看，又可以消费。通过观看直播，消费者可以切身体验产品，全方位了解产品

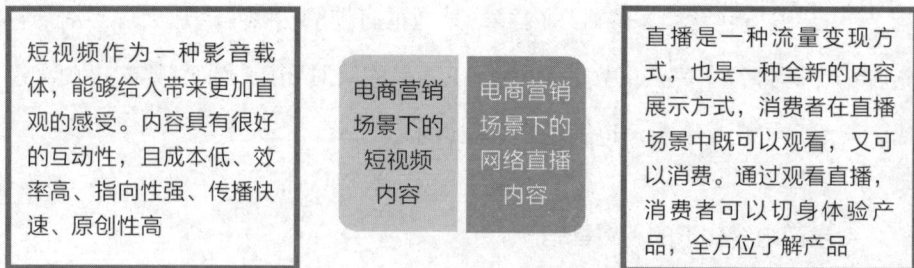

图5-8　电商营销场景下的短视频内容和网络直播内容

　　短视频和网络直播丰富了电商营销模式，也拉近了消费者与商家之间的距离，让消费者对产品的了解更加全面，这种更优质的营销内容，让电商企业步入了以内容为主的营销场景。

【场景说】实体零售店的场景营销新趋向

在互联网经济的冲击下，传统的实体店经济似乎步入了寒冬，对于实体销售的商家来说，这样的寒冬需要尽早结束，不然企业的发展会面临更多的困境和阻碍。实体零售店的改革可以借助场景营销来实现。场景营销的优势是能够有效地吸引潜在消费者，实体店面临的销售困境可以在场景营销中得到有效解决。

实际上，很多实体零售店经过多年的发展，已经有了一定的客户流和销售渠道，甚至也形成了一定的口碑，积累了一定的资源，管理策略得到了时间的检验。但是，互联网时代到来了，实体店的这种发展模式太单一，客流扩充会受到很大的限制，甚至很多资源都会被这样的局限阻挡在企业之外，无法依靠高效的互联网进入企业内部。所以，发展转型是很多传统实体店急需的改革方向。

在实体店的转型改革过程中，有以下四大法则需要遵循，如图5-9，其为实体店的转型改革指明了方向，甚至可以让实体店直接进入场景营销的发展模式，实现营销模式的快速更新。

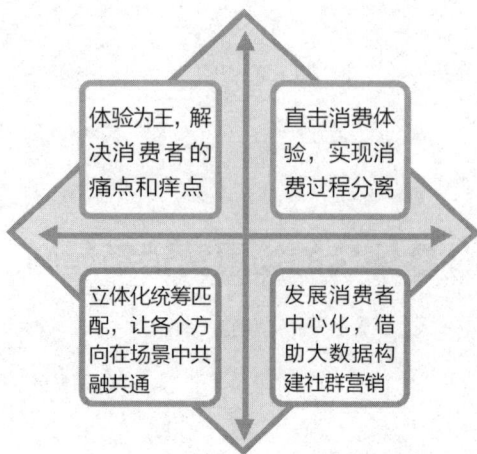

图5-9　实体店的转型法则

法则一：体验为王，解决消费者的痛点和痒点

实体零售店在进行改革创新的过程中，一定要站在用户的角度，以解决用户的痛点和痒点为目标，这不仅能够为用户创造更大的价值，还可以将企业自身的价值体现出来。

不过，实体零售企业在解决消费者痛点和痒点的过程中，需要注意以下这些要点，如图5-10。

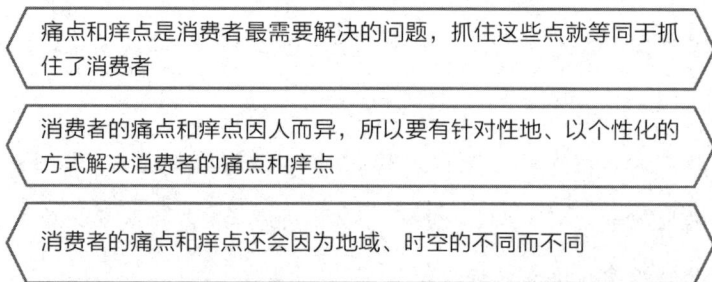

痛点和痒点是消费者最需要解决的问题，抓住这些点就等同于抓住了消费者

消费者的痛点和痒点因人而异，所以要有针对性地、以个性化的方式解决消费者的痛点和痒点

消费者的痛点和痒点还会因为地域、时空的不同而不同

图5-10　实体零售企业在解决消费者痛点和痒点时的注意点

法则二：直击消费体验，实现消费过程分离

在消费过程中，消费体验是最为关键的，这是消费者使用感知结束后的心理感知，在很大程度上决定着消费者的后续消费行为。如果在消费决策、交易支付、物流支付与服务中都能给消费者最好的体验感，企业的营销就能更加有吸引力，更能打动消费者。

目前，消费过程中的这些环节比较分散，会以不同的形式出现在消费者跟前，消费者在不同的消费环节中还会有不同的需求。例如，在出行场景下，有些消费者有在网上预约车的习惯，那么在约车这一环节中，消费者需要的就是有效的约车软件；等到用车完毕，在支付车费时，消费者就需要借助打车软件连接手机端的支付工具开启支付。所以，在互联网技术的支持下，消费与体验环节相互分离。

法则三：立体化统筹匹配，让各个方向在场景中共融共通

实体零售店在转型的过程中，要从宏观层面着手，统筹消费环节，使其更加和谐有效。企业消费环节的立体化统筹匹配工作主要包括以下三方面，如图5-11。

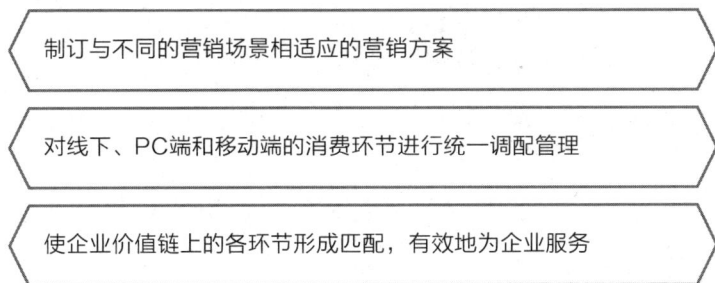

制订与不同的营销场景相适应的营销方案

对线下、PC端和移动端的消费环节进行统一调配管理

使企业价值链上的各环节形成匹配，有效地为企业服务

图5-11　企业消费环节的立体化统筹匹配工作

法则四：发展消费者中心化，借助大数据构建社群营销

传统实体零售店在转型的过程中，应该以消费者为中心，发掘消费者的消费习惯、消费行为倾向，构建出更能吸引消费者的营销场景，有利于实体零售企业向场景营销模式转变。要构建以消费者为中心的营销场景，企业需要注意以下两方面，如图5-12。

整合资源：充分借助各种数据资源，对消费者进行画像，找出适合的生活场景

利用社交平台对核心消费群进行实时追踪：企业通过构建自己的社交平台，与消费者进行有效的沟通和互动，发现消费者的需求动向

图5-12　构建以消费者为中心的营销场景的要点

实体零售企业的转型升级在互联网背景下变得更加高效，消费者大都适应了互联网提供的各种营销场景，所以企业只需要依据现有转型升级的路径，集中精力与资源，就可以打造更具有场景气息的营销模式。

第六章

◎

多元场景跨界，让创意契合造就营销奇迹

◎

在场景营销中，有多种多样的营销场景的创新，但是有一种场景跨界的创新，是营销模式中具有吸引力和发展潜力的创新。场景跨界可以让多种品牌汇集在同一个空间，可以满足消费者对多种品牌的消费需求。要成功实现场景跨界，需要围绕消费者，以消费者为主体，发掘其需求，并对这样的需求进行拓展，找到可以与之相匹配的另一种元素，从而制造出新奇的跨界营销场景，以一种新的、富有创意的形式满足消费者的需求。

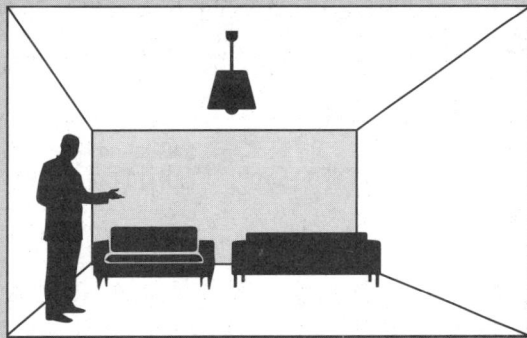

以用户为中心，搭建跨界营销场景

跨界营销让营销过程变得更具有立体感，不同品牌之间的创意融合制造出了一种更加新奇的场景体验感，正是这种新奇的场景体验感，在强调品牌独特性的同时，又能够精准地服务用户。所以跨界场景营销设计的基本追求还是以用户为中心，通过更加有创意的场景来激发用户的消费欲望，同时又将各种品牌理念以一种更加独到和亲近用户的方式传达出来，以达到"一箭多雕"的效果。

◎用户需求是跨界场景产生的动力

要想为产品制造跨界营销场景，探寻用户需求及用户关注是基础，用户最有需要的地方、用户最关注的地方，就是产品的跨界场景可以入驻的地方。所以，对于商家来说，要把用户的需求和关注放在第一位，然后从这些需求和关注出发，借助场景思维设计场景，进行有效的连接，巧妙地结合不同品牌，制造出能满足消费者的场景，就能让产品更加轻松地进入大众视野。

例如，房地产公司万科响应本来生活网发起的回家吃饭活动，共同跨界公益行列，将深圳地铁1号线包装成一列"回家吃饭"的专车，喊话"回家吃饭"，试图唤醒高压力下的大众，带领劳累的都市人进入温馨的家庭场景，宽慰疲惫的人们，将生活中最质朴的真情带给在城市中打拼的人们。在这样的营销场景中，我们看到的是万科温暖的形象。此外，在此次"回家吃饭"喊话活动中，他们还邀请明星团队加入，发挥明星的号召力，配着"人在江湖飘，道理要牢记"的口号与主流群体进行对话。面对着各种压力，在都市中打拼的人们最需要的就是家庭的温情，而这些企业的跨界组合形象，正好满足了人们对温情的期望。

万科的这次跨界主打公益，很好地将房地产企业的温情一面呈现给了大众，这也让万科在大众当中树立起了新的企业形象。所以，万科的这次品牌跨界活动既是一次公益宣传，也是一次对主流群体的关爱活动，更是一次树立企业新形象的尝试。

◎以用户为中心实现跨界营销

在具体的跨界营销过程中，商家要注意以下这些细节，站在用户的角度，以用户感知为基础，构建出能让用户获得独特体验的营销场景。

1. 让场景平和地进入用户的生活

跨界场景在很多时候会给用户留下怪异、偏重娱乐甚至过分新奇的印象。所以跨界场景要讲究平和、悄无声息又自然地融入用户的生活。例如，一些影视剧在这方面做得特别到位，其会在某一段剧情中，不用大段的广告词陈述，只是用几句台词、几个镜头表现一件产品，这种潜移默化的广告植入，能够融合到剧情的发展中，没有违和感，自然而然地被观众接受。

2. 让产品与实际生活场景有效对接，促使用户自主做出消费选择

在跨界场景中，要构建出能够满足用户心理需求的产品和设计，让用户主动选择消费产品。例如，商家可以将各种产品的作用、功效与实际情景连接，用户会根据自己的判断主动选择消费产品，如果细致地呈现每一件产品的功

效，用户会形成审美疲劳，无法有效对接实际需求。

3. 在用户视线范围内植入跨界场景，持续引发用户的好奇心

要想让用户对跨界场景产生好奇，发生追问，最终形成消费，跨界场景要尽可能地进入大众的生活，也就是保持无孔不入的姿态，从多个视角打动用户。在一些影视剧中，演员出现的各个场景都会植入产品，这不仅可以让观众的视角跟着剧情转移，还让观众的视角跟着产品在转移。

跨界营销的出现刷新了用户对传统营销的认知，有趣、有话说、有情谊可传达是跨界场景的主旨。可以说，跨界营销让营销步入了温情时代。

规避竞争，跨界产品才能优势互补

跨界营销可以理解为品牌之间的联合。在跨界组合中，品牌之间、产品之间都在让一方的某一特性可以与另一方实现靠近，从而让两者或多者的共性实现有机融合，组成一个更具有实力和号召力的营销组合。

在越来越多的企业进入跨界场景营销阵营之后，企业之间成为跨界战友，需要联合行动，贡献各自的力量，这样才能在跨界营销中共进退。此外，进行跨界营销的产品之间和企业之间不能存在竞争性，并且二者或多者之间可以实现资源或优势的互补，利益追求和传播渠道存在差异，只有这样，跨界营销组合才可以进入优势互补、战略协同的发展道路。

所以，共同进退但利益需求不同的跨界各方需要先与自己的合作者进行深度的相互了解，在了解的基础上再寻求合作，避免因为竞争性让各方利益受损。优势互补的跨界营销可以很好地延伸各合作方的销售渠道，为合作各方带来更大的发展空间。

例如，2017年8月，网易云音乐与农夫山泉达成跨界战略合作，共同推出了限量款的"乐瓶"。这种限量款的"乐瓶"里装的还是农夫山泉的水，但是瓶身却印着网易云音乐的乐评——网易云音乐软件中点赞次数最多的30条乐评。这30条乐评分别被印在了4亿个农夫山泉的瓶身上，这就使得这些矿泉水成为自带音乐、故事和情怀的矿泉水。

让每一瓶水都有音乐与故事成为网易云音乐和农夫山泉合作的追求，同时，合作也体现了农夫山泉矿泉水的声音与情怀，二者通过这种高度契合的合作实现了共同营销。

此外，农夫山泉矿泉水还在瓶身上印制了网易云音乐的歌单二维码，用户使用网易云音乐App的"AR扫一扫"，就能跳转到网易云音乐的相应歌单，获得优质、完整的音乐体验。

这次跨界营销让农夫山泉很好地吸引到了网易云音乐的大批年轻用户，进一步增强了年轻用户的黏性，巩固了自己在国内瓶装水市场的地位。这种新奇、富有创意的营销活动，也让农夫山泉打开了更广阔的营销渠道，将自己的品牌覆盖到更多的人群和城市中，最终实现销量增长和产品沉淀。

网易云音乐通过搭载快消品的消费通道，将音乐的力量进一步渗透到饮用水的快消领域，拓展了用户范围。根据不同的饮水场景，网易云音乐为每个人打造了专属的"乐瓶"，通过二维码提供音乐，让音乐体验分享和互动融合为一体，使音乐进入大众的日常生活中，来传递人们之间的感情。

跨界营销成功的关键主要体现在对跨界合作各方痛点的精准把握上，还有营销策略中各方利益点的最大化。

跨界品牌，发展理念要一致

要进行跨界合作，产品之间的调性要能够融合，"不是一家人，不进一家门"，如果产品之间、品牌之间很不协调，那么就制造不出"1+1>2"的营销效果。而且这种不协调还有可能会对产品产生负面影响，如模糊品牌形象、拉低品牌层次等，更重要的是让品牌的发展理念受挫。

所以，在进行跨界营销时一定要对品牌做好分析，在资源、技术等实现互补的条件下，让合作各方的品牌调性保持一致，使品牌发展理念一致。

在跨界营销中，为了确保合作各方的发展理念一致，就需要对品牌的内容特点和品牌自身的追求进行分析，找出合作各方的高度切合点，再将这样的点放大到各方的品牌营销中，从而得到完美的营销组合。

例如，小米手机旗下的红米Note 4X联合初音未来制造的跨界营销，表面上二者之间没有相似的地方——一个是手机，一个是动漫形象，但是仔细观察就可以发现，它们之间存在着相同的理念追求。

红米Note 4X是一款千元经济机，手机的硬件等都经过改良，目标客户定位于学生和刚步入社会的青年。而初音未来作为动漫人物，作为虚拟的电子音乐"歌手"，有着非常强大的二次元IP的号召力，吸引了广泛的粉丝群体，引领着年轻化的时尚潮流。红米Note 4X的目标客户中存在非常多钟爱二次元文化的个体。于是基于对二次元文化的追求，红米Note 4X借助初音未来的强大IP，进行跨界营销。

这次跨界营销在初音未来的粉丝群中掀起了一股讨论的热潮，借助初音未来的代言，红米Note 4X收获了年轻群体的认可和销量。

在营销的过程中，红米Note 4X还推出了限量定制款，这种限量定制版手机经过精心的设计，外观颜色与初音未来达到一致的青色。而且在随机配送的定制版移动电源、手机壳上，都添加了初音未来的形象，这些定制版手机都拥有唯一的编号。这批限量定制版手机在预售通道开通的短时间内就被抢购一空。

同时，小米公司还在年轻人和二次元文化集聚的B站进行了红米Note 4X初音未来款手机的首发。

小米将红米Note 4X手机的目标客户定位于二次元文化熏陶下的一代年轻人，而这次与初音未来的合作也正好完美地表达了自己的理念，在初音未来的带动下，红米Note 4X手机走上了一条更好的销售之路。

消费群体一致，跨界产品才有出路

每一个品牌都对应着相应的消费群体，这样的消费群体或大或小，有着一定的鲜明特征。在跨界场景营销中，企业需要注意对各方消费群体进行分析，将各自的产品提供给相同的消费群体。基于共同的消费群体诉求，跨界合作各方就可以打造适合这类消费群体的跨界产品。

例如，以打造青春王国为追求的QQ空间和深受年轻人追捧的百事可乐，在QQ空间12周年和百事可乐进入中国36周年之际，基于相同的主题——青春，打造了一次完美的跨界场景营销。

QQ空间和百事可乐的青春回忆视频演绎了不同时代不同人群的青春往事，从早年的MJ舞蹈、电吉他、轮滑，到后来的滑板、电竞、直播间，带着时代记忆的事物，很好地烘托出了每一个时代年轻人的青春无敌。这种追溯青春历史的视角完整地诠释了QQ空间和百事可乐的青春色彩，也就是"青春百事正现在"，这也契合了青春、分享当下的美好主题，使消费者有了温情而又热烈的青春体验。

为了让百事可乐更好地打入社交领域，QQ空间还开通了"百事赞"功能。用户只要点赞QQ空间中好友发送的内容，就可以得到百事可乐专属的emoji（表情符号）效果，这种可爱的属性引起了年轻用户的极大关注。

可以看出，具有相同产品受众的品牌进行跨界营销具有很好的共情效果，这种共情效果不仅可以激发用户的消费欲望，还可以让用户强化对品牌的认识。同时，在受众相同的基础上进行跨界营销，可以很好地避免浪费资源和忽视用户。这种有针对性的跨界营销活动，能够对用户的共同点进行纵向的挖掘，最大限度地触动消费群体，从而实现以最少的成本获取最大的收益。

企业可以根据自己的经营性质和消费者特征，从相应的关键点处着手来设计完美的跨界营销场景。当然，要是企业的跨界场景营销设计过程能够考虑到所有的关键点，将会制造出更完备的跨界营销场景。

【场景说】场景创造，让消费者身临其境

无论是普通的营销场景还是跨界营销场景，我们制造营销场景的目的一直都是提供更好的消费体验、吸引消费者靠拢。而且在互联网制造的虚拟和现实场景中，人们对体验感的追求越来越热烈，那么为了构建更加完美的体验场景，我们还需要注意哪些呢？

场景营销的关键是让消费者可以身临其境地感知场景中的产品，这就需要让消费者将自己的听觉、视觉、身体、观念全部投入我们设计的营销场景中，也就是听觉在场、视觉在场、身体在场、观念在场。

这种将消费者完全纳入场景的场景营销设计思路，就是我们创造营销场景的出发点。

听觉在场就是让消费者通过将听觉投入自己所处的场景中，来更加真切地对营销场景进行感知。就如在网易云音乐与农夫山泉的跨界营销中，消费者最终消费的就不只是一瓶简单的矿泉水了，这是承载着音乐魅力的矿泉水，消费者只需扫码，就能享受听觉盛宴。这种数字化技术带给消费者听觉体验的营销场景让消费者获得了身临其境的体验感。

视觉在场就是让消费者通过场景看到产品更加真实的全貌。例如，在线上营销渠道发达的当下，实体店仍然在营销过程中占据着重要的地位，这就是因

为消费者在实体店中可以对一件产品进行全视角的观察，这种视觉在场的消费体验活动可以带给消费者更加真实的体验感。设计营销场景的过程中，要注意消费者的视觉在场。例如，很多商家会通过短视频、直播等进行营销，就可以很好地吸引消费者的眼球。

身体在场并不是单一地指将生理上的肉身投入场景中，它其实更多的是指通过技术媒介为消费者营造一种身体处在现场的感觉。例如，近年来春节联欢晚会现场发放线上红包，经历微信"摇一摇红包"、支付宝"咻咻红包"之后，在2019年的春晚现场，百度更是推出了四轮独家红包，主要有"摇一摇红包"、小视频红包、搜索红包。这些红包结合春晚这样的春节联欢场景，让电视屏幕前的观众很好地与春晚现场实现了互动，获得了一种"身体在场"的场景体验。

观念在场是消费者在场的最高形式，也是场景创造者的追求。观念在场要求商家与消费者可以进行双向交流，商家能根据与消费者的交流互动发现消费者的真实需求，及时做出反馈，最终以消费者的意愿来为其推送精准的营销信息。

在数字化技术的支持下，场景营销已经成为一种越来越立体化的营销模式，横贯线上和线下，让消费者回归到主动消费的角色中，并通过听觉在场、视觉在场、身体在场、观念在场来帮助消费者参与到具体的营销场景中。

所以，在未来的场景创造中，就需要从消费者的听觉、视觉、身体、观念维度入手，借助全维度的场景来捕捉消费者的消费欲望。

第七章

◎

场景化社群营销构建，凝聚
社群的力量

◎

　　社群在人类历史上扮演过重要的角色，其作为原始部落生存的单位，在生产力极其低下的年代很好地汇集了人类集体的力量和智慧。在原始社群中，只有集聚在一起的人才更有力量，更能得到群成员的照顾。同样，在今天，社群成为具有相同兴趣爱好、个性特点的人聚集的部落，在这样的部落当中，群成员有着相似的消费习惯。在互联网时代，社群成为一种更加可靠的用户积累渠道，成为场景营销过程中的"中坚力量"。

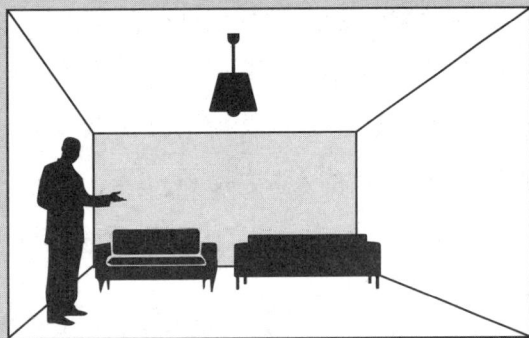

场景化社群构建，抓住五个关键点

移动互联网的发展为营销场景的诞生提供了非常多的机会，同时，这也为社群营销的兴起提供了发展机遇。"无场景，不社群"成为新的商业生态，有场景的地方就有社群，并且场景的存在让社群营销变得更加立体。所以，社群和场景相结合，以社群为框架，用场景来对其进行装饰，就可以构建出更能适应营销需求的场景化社群，打通商家与用户之间的壁垒。

◎为场景化社群构建提供粉丝基础

为了实现场景化社群营销，聚集必要的粉丝是最基础的，也就是在场景构建之前，先要有粉丝基础，这样才可以为场景化的施展提供空间。一般有以下途径可以实现粉丝的聚集，如图7-1。

例如，视频场景聚集就是在大家普遍使用的优酷视频、腾讯视频、爱奇艺视频，以及其他一些视频网站的视频场景中，社群的运营者在相应的视频内容评论区留下社群的入群方式（QQ号、微信公众账号、贴吧名称等）。视频观众看到之后，就可以根据自己的意愿选择性进入相应的社群中，从而实现社群粉丝的聚集。

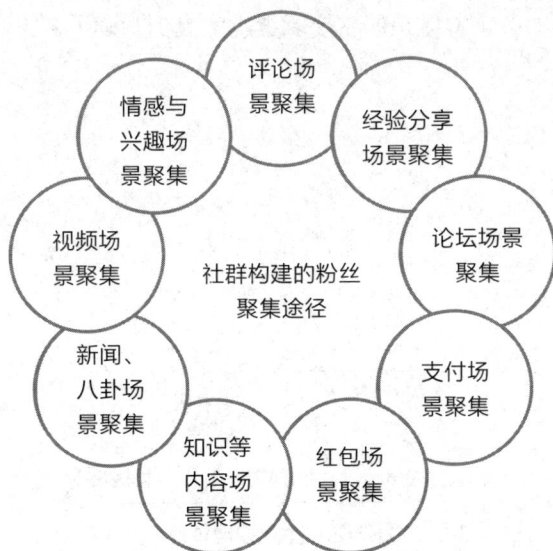

图7-1 社群构建的粉丝聚集途径

但是，在这些粉丝聚集场景中，社群营运者一定要让营销内容与相应场景精准对接，才可以找到定位相符的粉丝。同时，在与粉丝沟通的过程中要注意使用语言技巧，用自然且有吸引力的语言来传播社群最主要的信息。当然社群运营者还需要经常发布与运营内容有关的内容，这些内容一般是"原创+转发"，同时结合时下的热点问题、事件等，将更有利于捕捉到合适的潜在粉丝。

◎ **明确社群成员与管理框架**

在社群发展壮大的过程中，会逐渐形成一个完备的金字塔管理框架体系，而且在这个社群体系中，各类社群成员分工明确，各司其职，如图7-2。

在社群系统中，随着管理框架体系的完善，也会形成一定的制度体系，这将会让一个社群朝着更加统一和组织化的方向发展。在这个灵活又具有相应管理制度的体系中，各个群成员的主要职责也就更加明确了，见表7-1。

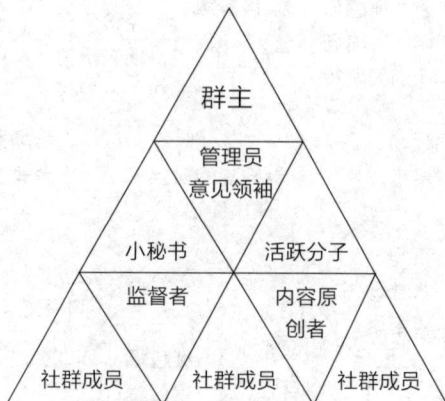

图7-2　社群管理体系

表7-1　群成员的主要职责

群成员身份	群成员身份定位
群主	具有独特魅力，可以是人（如明星、网络红人），也可以是品牌（如联想、小米），不一定是社群的直接管理者，但是能源源不断地对社群产生影响
管理员	吧主、QQ群主等，可以由品牌方人员担任，依据一定的影响力和服务意识来维护社群正常运转
意见领袖	具有独特的人格魅力、丰富的知识、严谨的思考能力，是社群中主要信息的传播者，同时承担话题制造、活动组织、社群运营等诸多职责，以社群分工确定人员数量
小秘书	能够熟练使用办公软件、细心、时间充足，在贴吧、QQ群、微信群等处进行信息发布、活动安排、内容推送等工作
活跃分子	会每天进行签到、聊天、分享有趣话题等，对社群的热情度较高，一般可以享受到线下活动优先参与、虚拟"荣誉榜"等福利
监督者	通过建立投诉渠道和完善的删帖、踢人机制来保证社群健康发展
内容原创者	通过微博、微信公众号、贴吧等推送原创内容

◎选择场景化社群平台

要根据营销品牌和已有粉丝的特点来选择相应的社群平台，这样才可以更加精准化地建立社群营销场景。如图7-3，针对不同的营销内容，可以选择以明星粉丝、兴趣爱好者为主的微博平台，以圈子类、产品类、内容类为主的微信平台，以地域类、垂直类、强兴趣类、综合类为主的QQ平台，来构建社群营销场景。

微博平台

微博平台的社群场景建设更加侧重粉丝、兴趣爱好，不受地域限制，群用户可以进行丰富的交流互动，同时借助转发、话题讨论等来进行信息分享，价值互通和增值

微信平台

因为内容只有关注的粉丝才可以看到，因此更具有私密性，同时内容篇幅不受限制，适合圈子类、产品类、内容类社群发布较长的、具有深度的内容。餐饮、服务类等社群同样适合微信平台

QQ平台

QQ平台功能强大，跨平台操作优势明显，可以实现点对点、点对多的聊天，此外，签到、群论坛、公告、相册、群直播等功能一应俱全，能够适应很多社群场景建设

图7-3　不同社群运营平台的特点

除了这三大主要平台之外，还有百度平台下的贴吧、百度知道、百度经验等，可以进行营销类、兴趣类、问答类知识或内容社群的构建；淘宝旗下的阿里旺旺作为官方指定的通信、社交工具，同样可以进行社群建立；YY语音是一款拥有较高人气的语音视频软件，其主要布局在游戏领域，可以以此作为引流平台进行语音预告等，将用户引到其他平台当中。

◎**设立有效的社群规则**

各类规模社群的良好、健康运转，都离不开有效的运营规则制度，例如入群门槛的设定、发言内容的禁忌及规范设定、线上与线下活动时间的设定、社群成员身份及荣誉的设定、社群奖惩机制的设定、社群活动内容的规划，见表7-2。

表7-2　社群规则

社群规则	入群门槛的设定	邀请制	新人通过老用户邀请，经管理员同意之后才可以进群
		等级制	论坛等只有达到一定级别之后才可以进群
		阶梯化社群	要进入高等级群的用户必须遵守一定的门槛制度
	发言内容的禁忌及规范的设定	设定专门的自由发言时间	在工作时间之外的时间段设置一定时长的自由发言时间，让群成员实现相互交流和讨论
		设定广告时间	可以设置一定的时间段允许群成员发布广告，并注明相关广告咨询工作私下联系解决
	线上与线下活动时间的设定	活动时间设定　线上	周末或工作日的晚间
		活动时间设定　线下	在社群中投票确定时间，最好是周末或节假日的最后一天
		活动时长设定　线上	以两个小时为宜，也可以设定短暂的休息时间
		活动时长设定　线下	由参与人数和活动项目的多寡决定
	社群成员身份及荣誉的设定	新成员的基础身份	新成员入群之后要用系统提示引导其进行身份信息的修改
		等级身份确定	根据成员的活跃度设定等级身份或可以使用的功能
		社群荣誉的确定	通过高亮显示、虚拟奖章、明星身份等奖励为社群带来荣誉的成员
	社群奖励机制的设定		根据群成员对社群贡献的大小给予相应奖励。物质奖励——产品赠予奖励、产品使用奖励、现金奖励；精神奖励——置顶说明、颁发荣誉奖章、致谢、实地体验奖励等
	社群惩罚机制的设定		群成员使用脏字或因故障反复发布信息时，进行小窗提示； 不当言论等对其他群成员造成影响的违规行为出现时，私下单独警告；

（续表）

社群活动内容的规划		部分群成员之间有摩擦时，短暂禁言警告； 反复出现谩骂等行为的社群成员，公开惩罚； 针对散布本社群虚假或负面信息的严重违规者，踢出社群
	主题设定	根据群成员的特点确定活动主题
	时间设定	咨询嘉宾时间和社群成员时间，或者投票确定时间
	嘉宾设定	邀请社群领袖或同级别的人中有吸引力的人担任
	流程设定	由经验丰富的社群成员确定活动的各项流程安排
	预热设定	在活动开始前借助各类媒体平台进行广泛的宣传

◎明确社群变现的模式与渠道

社群发展到一定程度，普通用户会向忠实用户转变，社群的影响力会更加明显，越来越多的用户积累会让社群变得更加强大，这时的社群就可以借助多种模式和渠道走向社群构建的终极目标——变现，如图7-4。

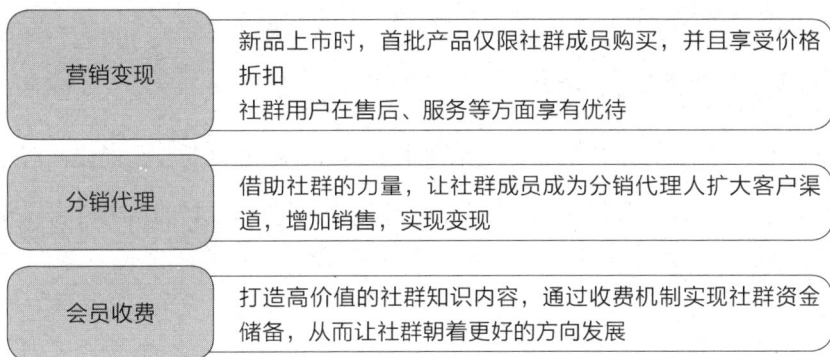

营销变现	新品上市时，首批产品仅限社群成员购买，并且享受价格折扣 社群用户在售后、服务等方面享有优待
分销代理	借助社群的力量，让社群成员成为分销代理人扩大客户渠道，增加销售，实现变现
会员收费	打造高价值的社群知识内容，通过收费机制实现社群资金储备，从而让社群朝着更好的方向发展

图7-4　社群变现的模式和渠道

社群的变现方式主要依据社群的特点来确定，当然社群也可以根据自身特点开创更有效的变现方式，满足社群运营的需求。

物质+精神，合力激活社群

社群运营的过程中，成员的活跃度至关重要，我们可以根据群成员的活跃度来及时做出运营策略的改进和调整。为了提高社群的活跃度，社群的运营者必须刺激社群成员，这些刺激可以是物质层面的奖励，也可以是精神层面对用户心理的满足。

◎物质奖励提升社群活力

用物质奖励提升社群活力，就是要拿出实实在在的物质奖励促使社群成员行动起来，积极参与社群中的营销活动。为了提高社群成员的活力，可以从以下角度进行物质投放。

1. 不定期举办礼品发放活动

社群运营者可以借助公信度高的各类媒体和社交平台不定期地举办一些抽奖活动，吸引用户参与品牌的相关活动，与社群成员沟通。同时也能吸引更多的粉丝入群，进一步提升社群活力。

很多平台都是适宜用来与用户互动的，但是在使用这些平台时，需要遵循以下这些规则，如图7-5。

让活动持续进行	注意发布的流程
礼品发放活动的周期不宜过长，一般一个活动的持续时间以两周为宜，此次活动结束之后，就需要提前准备下一次的活动	各类平台都有相应的礼品发放活动的申请渠道，品牌方要遵守平台的相关规定填写活动申请

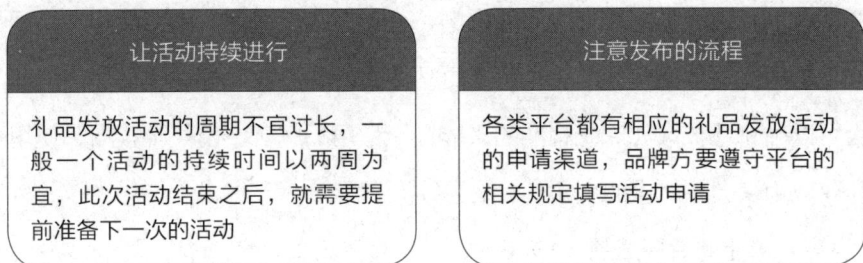

图7-5　互动平台使用规则

2. 用抢红包活动拉近与用户的距离

抢红包是很多社群营销经常采用的手段，微信、微博、淘宝、百度钱包等都已经形成了相对成熟的抢红包体系。抢红包活动的发布过程简单，但是为了让这些红包发挥最大的价值，激活用户的活力、继续扩大社群，也需要注意以下这几点，如图7-6。

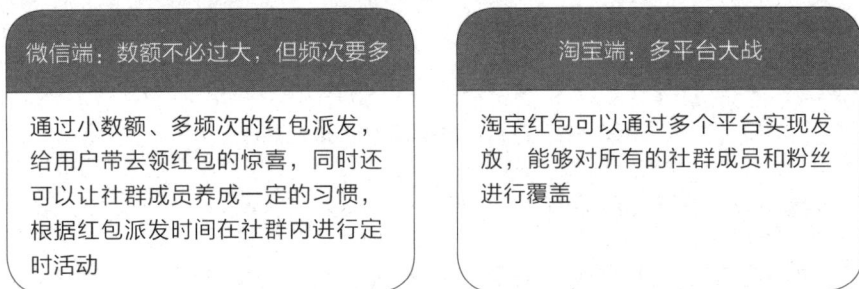

微信端：数额不必过大，但频次要多	淘宝端：多平台大战
通过小数额、多频次的红包派发，给用户带去领红包的惊喜，同时还可以让社群成员养成一定的习惯，根据红包派发时间在社群内进行定时活动	淘宝红包可以通过多个平台实现发放，能够对所有的社群成员和粉丝进行覆盖

图7-6　发布抢红包活动的注意点

以抢红包活动刺激用户并不一定是完全可取的，这还需要研究用户的反馈来确定要不要持续地使用抢红包活动来刺激用户。

3. 定期线下聚会让社群成员更加熟悉

线上的交流不能很好地拉近品牌方与用户的距离，而线下定期的社群成员聚会就可以打破虚拟与现实之间的隔阂，让社群成员之间、品牌与用户之间的交流更加深入，从而让社群文化步入更具活力的状态。此外，线下用户之间的聚会可以不断地扩散和深化精准的兴趣点等，用品牌营造出一种氛围，使用户或粉丝成为聚会场景中的主角。

4. 赠送社群专属产品

打造社群专属产品，并将这些专属产品赠送给社群成员，这样就能通过专属产品刺激用户产生社群归属感与社群印象。所以打造一款突出社群烙印的社群专属品非常有必要，如图7-7。

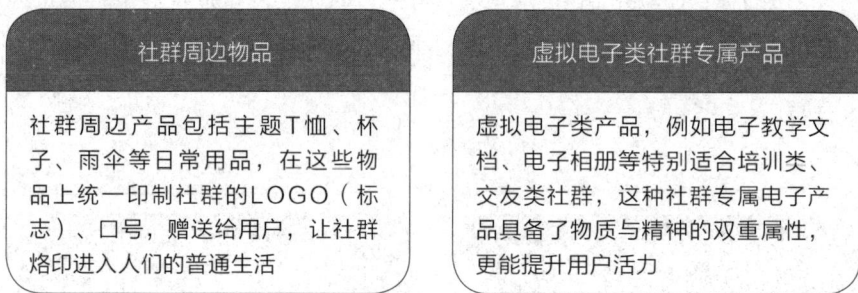

社群周边物品	虚拟电子类社群专属产品
社群周边产品包括主题T恤、杯子、雨伞等日常用品，在这些物品上统一印制社群的LOGO（标志）、口号，赠送给用户，让社群烙印进入人们的普通生活	虚拟电子类产品，例如电子教学文档、电子相册等特别适合培训类、交友类社群，这种社群专属电子产品具备了物质与精神的双重属性，更能提升用户活力

图7-7　具有社群烙印的社群专属品

◎**精神吸引提升社群活力**

精神吸引能从更高的层次打动消费者，也就是让用户产生情感上的归属感，让用户产生亲近感，从而提高其在社群中的活跃度。要让社群对用户做到精神吸引，需要在以下这些方面进行实践。

1. 社群意见领袖要不断地输出内容

社群中的意见领袖是社群的精神象征、动力象征、榜样象征，其努力的目标、输出的价值观、一举一动都能在社群成员中引起强烈的反响，能很好地带动成员进入话题的分享和讨论。"社群意见领袖不是冰冷的雕塑，而是话题制造机、内容生成器"，可以说，社群意见领袖就是社群的引流人，其自身的魅力就是社群成员追随社群的一个理由。

2. 入群要有仪式感

社群展示给用户的第一面就是入群仪式，当一个社群具有完美的入群仪式时，新用户自然而然地会产生一种仪式感、满足感、信赖感。而且这种仪式感带给用户的体验会对用户的后续行为产生影响，使他们更愿意花精力、时间来关注这样的社群。进入社群的仪式感一般体现在以下的环节中，如图7-8。

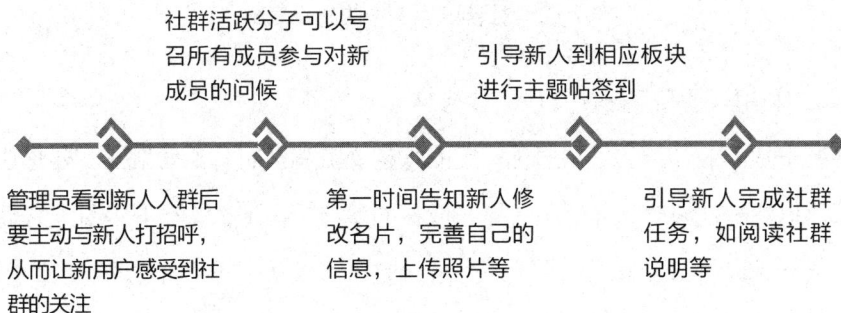

社群活跃分子可以号
召所有成员参与对新
成员的问候

引导新人到相应板块
进行主题帖签到

管理员看到新人入群后
要主动与新人打招呼，
从而让新用户感受到社
群的关注

第一时间告知新人修
改名片，完善自己的
信息，上传照片等

引导新人完成社群
任务，如阅读社群
说明等

图7-8　体现社群仪式感的环节

3. 展示社群的分销收益

对于品牌代理社群、微商社群等，如果对群成员的收益进行定期展示，会很好地提升群成员的社群活跃度和学习欲望。这种展示收益的主要目的是让社群中的收益领先人员获得精神层面的满足感与荣耀感，并且能够在社群中分享自己的经验，与社群成员进行更好的交流，从而与社群之间建立更紧密的感情。

4. 用文化和气质打造社群归属感

社群成员能否与社群建立更加紧密的关系，取决于社群能否给群成员制造或带来归属感和满足感。为了增强社群的归属感，在打造社群的过程中，要重视和关注各方面的文化，如图7-9。

产品文化决定社群的归属感	社群内部的归属气质
产品文化包括产品的自身文化和产品的附属文化。产品的自身文化与产品属性有关，这种属性在很大程度上决定了产品的气质和用途；产品的附属文化主要与产品周边元素有关，产品与周围事物的配合能让产品表现出另一种气质	这种社群内部的归属气质是基于产品气质的精神气质，用于凝聚、感染群成员，让其对社群有更深的认同感，从而加深对社群的归属感

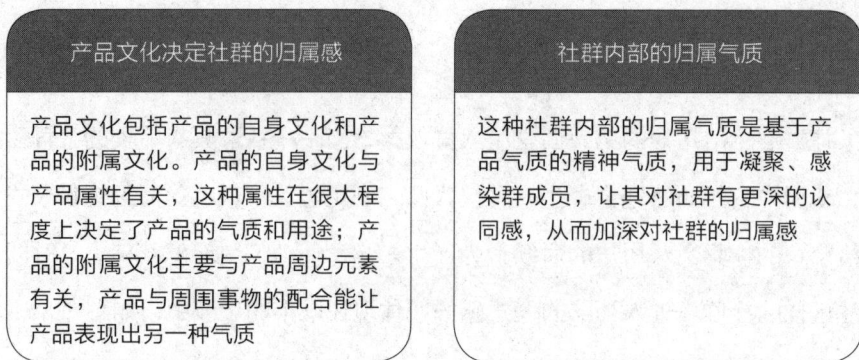

图7-9　社群归属感中的文化气质

5. 利用兴趣和话题提升社群参与感

社群成员的参与感主要通过一定的兴趣交流和话题讨论而增强。要想让群成员可以积极地参与到社群中，提升成员的参与感，那么在社群中引入兴趣和话题，让大家有话说、有观点可以分享、有事可以做是必不可少的。借助兴趣和话题提升社群参与感，主要有以下方式，如图7-10。

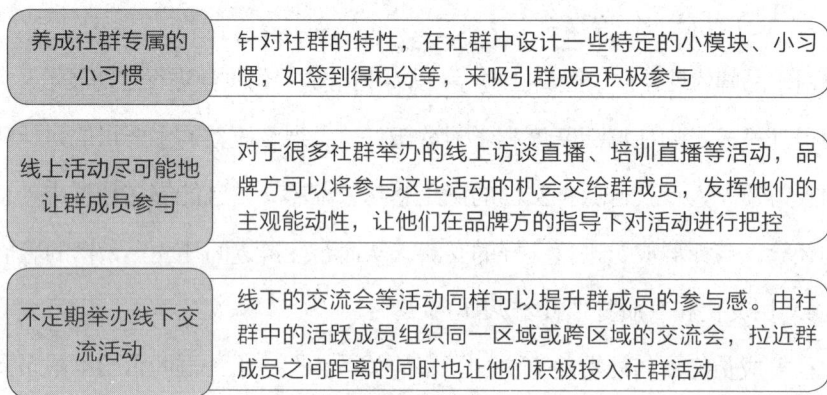

养成社群专属的小习惯	针对社群的特性，在社群中设计一些特定的小模块、小习惯，如签到得积分等，来吸引群成员积极参与
线上活动尽可能地让群成员参与	对于很多社群举办的线上访谈直播、培训直播等活动，品牌方可以将参与这些活动的机会交给群成员，发挥他们的主观能动性，让他们在品牌方的指导下对活动进行把控
不定期举办线下交流活动	线下的交流会等活动同样可以提升群成员的参与感。由社群中的活跃成员组织同一区域或跨区域的交流会，拉近群成员之间距离的同时也让他们积极投入社群活动

图7-10　社群参与感的打造方式

社群产品——社群变现的基础

社群将具有相似兴趣爱好的人集聚在一起，进而创造出一种群体性的场景。社群之所以能将人们聚集在一起，与社群中存在的内容紧密相关，这些吸引成员聚集的内容就是社群的产品。在社群中，产品是维系成员靠拢社群的关键，是吸引已有的或潜在的社群成员的关键，更重要的是，产品是社群实现变现的基础。社群最终的获利从产品而来。

普遍的社群产品主要有知识型社群产品、分销型社群产品、荣誉型社群产品、兴趣型社群产品、金融类社群产品、生活场景类社群产品。

1. 知识型社群产品

知识本身所具有的高价值使得知识型社群产品成为最受瞩目的社群产品。知识型社群产品代表主要有读书类社群（逻辑思维等）、书友会类社群（吴晓波书友会等）、技能培训类社群（秋叶PPT等）、知识分享类社群（知乎等）。

这些知识类社群之所以能够成功，是因为社群中的产品品质过硬，正是因为有了品质过硬的产品，才会吸引众多的爱好者靠近，最终实现社群规模的扩大，进而逐步依据这些产品走向变现的道路。所以，在知识型社群中，为了快速达成变现，社群产品具有以下特性，如图7-11。

知识型社群产品的特性

产品品质过硬、产品类型不断扩展
社群活动丰富、社群成员忠诚度高

图7-11　知识型社群产品的特性

2. 分销型社群产品

分销型社群产品存在于分销型社群中，分销型社群也是比较常见的社群之一，微商群等就是典型的分销型社群。在分销型社群中，群成员是品牌的推销员，能否实现变现的关键是产品质量是否过硬，此外，社群为成员提供的服务也起着重要的作用。

分销型社群产品主要存在于以下这些以分销产品为主的社群中，这些社群通过各种方式丰富社群场景，进而为产品变现做好基础，见表7-3。

表7-3　分销产品存在的社群

社群类型	社群运行模式	社群特点	实现产品变现的策略
广告分销型社群	微信朋友圈、QQ群中打广告等	聚集着大量的成员，广告信息可以在各类平台进行发布	满足群成员的基本诉求，分销操作过程简单
			通过丰富的社群活动让社群成员对社群产生归属感，从而增强成员的黏性
代理实物产品分销型社群	微商或微商代理人组建的社群，吸引新人加入成为新的代理商	品牌信息比较丰富，社群成员的积极性与互动性较高	充分掌握品牌信息，才能让群成员对产品更加信赖
			组织群成员分享销售经验，让所有成员掌握销售策略

（续表）

社群类型	社群运行模式	社群特点	实现产品变现的策略
自有实物产品分销型社群	品牌拥有者为社群的运营方	自主性高	通过相应的资质证明产品的品质
			做好推广营销的准备
			制定完善的奖励机制，让群成员对社群充满信心
			组织常规化的社群活动增加成员的自主性

3. 荣誉型社群产品

为了避免硬销售和硬广告的出现，就需要赋予社群产品荣誉感，这种带有社群特色或情怀的社群荣誉感能很好地平衡社群成员与社群之间的情感落差。

荣誉型社群产品的荣誉主要通过与社群相关的事物来表现，也就是将与社群相关的事物以更加有情感、清晰、显眼的方式借助其他事物呈现出来，打造可以代表社群的专属产品，如社群文化衫，社群特殊身份标志，社群称号与头衔，社群自明星包装等。

4. 兴趣型社群产品

兴趣型社群产品也算是社群的专属产品，这类产品主要依靠一些独特的标签来获得成员的青睐。此外，这些兴趣类产品还会有更深的含义，其价值远远高于实物本身的价值，例如明星签名、合影产品、吉祥物产品以及其他可以满足社群成员兴趣的产品。

5. 金融类社群产品

金融类社群产品是金融类社群中最主要的产品，这些金融类社群一般会将关注点集中在金融理财方面，而且社群成员一般是一些收入较高、具有一定社会身份的成员。金融类社群的产品就要朝着这样的方向打造，以成员最需要的金融内容为出发点，进行金融类社群产品的构建。一般金融类社群产品主要为投资理财产品的推荐与分享，经验分享与问题解答，此外，还有近年来兴起的众筹类产品。

6. 生活场景类社群产品

生活场景类社群产品主要是一些与我们日常生活密切相关的社群产品，由于非常接近我们的日常生活，所以更容易被我们关注到。生活场景类社群产品主要为购物打折、优惠信息分享，地域内的聚会、相亲、运动等活动，团购类等社群产品。

这些类别的社群产品都在相应的社群中传播着，是社群变现的基础，有利于推动社群持续发展壮大。

社群文化，实现社群活力的凝聚与维系

文化总是潜移默化地影响着人们的行为。同样，社群文化也会表现出一些特有的形式来对社群进行影响。例如，在社群文化的影响下，社群会被贴上某一特色标签，这就是社群标签。此外，在社群文化的熏陶下，也会形成社群成员可以普遍接受的价值观。除了社群中的主流文化之外，有些社群在一定程度上还会形成相应的亚文化生态，让部分社群成员从中得到满足。

所以，就需要从社群文化的一些表现形式着手来构建社群文化，利用社群文化凝聚和维系社群活力。

◎为社群贴上个性化与多样化的标签

一些社群之所以能够走进大众的视野，并不是因为这些社群特别优异，而是因为这些社群有自己的标签，这些个性化或多样化的标签，正好成为吸引人们注意力的焦点，从而使得这些社群逐渐走红，甚至成为某一方面的主流。

所以，为了让我们构建的社群更容易被大众识别、发现，甚至加入，我们就需要从社群文化着手，赋予我们的社群或社群产品一定的个性化和多样化标签。

1. 社群个性化标签的设计

个性化标签能够被社群成员快速识别和确认，可以赋予社群成员独特的感受，这种独特的感受会让社群成员对该社群形成一定的依赖，其设计如图7-12。

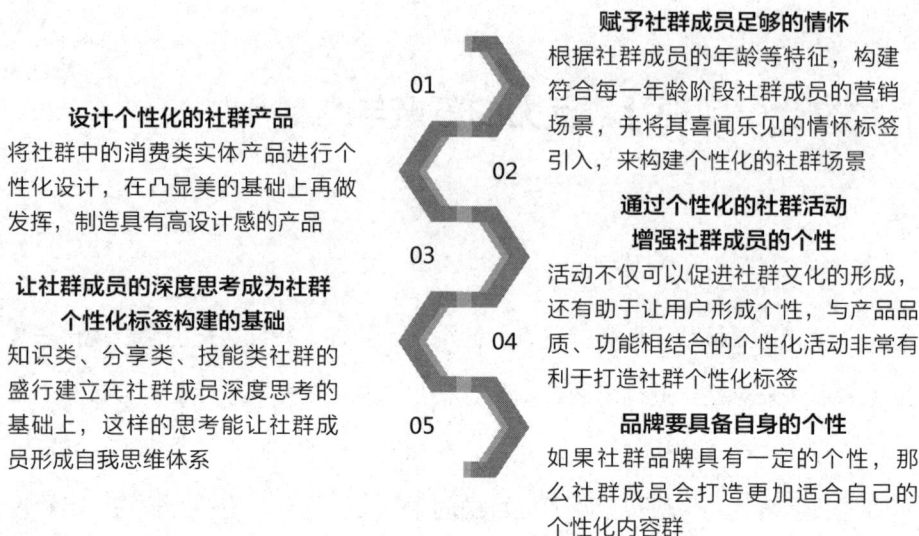

赋予社群成员足够的情怀
根据社群成员的年龄等特征，构建符合每一年龄阶段社群成员的营销场景，并将其喜闻乐见的情怀标签引入，来构建个性化的社群场景

设计个性化的社群产品
将社群中的消费类实体产品进行个性化设计，在凸显美的基础上再做发挥，制造具有高设计感的产品

通过个性化的社群活动增强社群成员的个性
活动不仅可以促进社群文化的形成，还有助于让用户形成个性，与产品品质、功能相结合的个性化活动非常有利于打造社群个性化标签

让社群成员的深度思考成为社群个性化标签构建的基础
知识类、分享类、技能类社群的盛行建立在社群成员深度思考的基础上，这样的思考能让社群成员形成自我思维体系

品牌要具备自身的个性
如果社群品牌具有一定的个性，那么社群成员会打造更加适合自己的个性化内容群

图7-12　社群个性化标签的设计

2. 社群多样化标签的设计

在确定社群个性化标签的基础上，社群还可以从以下方面打造多样化标签，如图7-13。

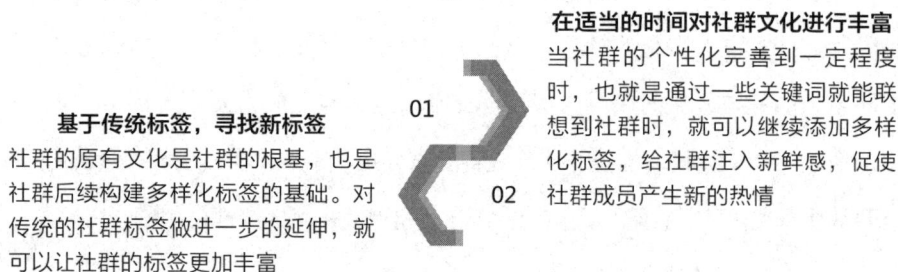

在适当的时间对社群文化进行丰富
当社群的个性化完善到一定程度时，也就是通过一些关键词就能联想到社群时，就可以继续添加多样化标签，给社群注入新鲜感，促使社群成员产生新的热情

基于传统标签，寻找新标签
社群的原有文化是社群的根基，也是社群后续构建多样化标签的基础。对传统的社群标签做进一步的延伸，就可以让社群的标签更加丰富

图7-13　社群多样化标签的设计

◎社群的价值观为社群指引方向

社群中也需要有价值观，而且只有正向的价值观才可以更好地解决社群成员之间的摩擦，成为社群的润滑剂，调和社群朝着一个更加积极健康的方向前进，让社群实现可持续的发展。我们可以从以下这些层面着手来构建社群价值观。

1. 用鼓舞人心的语言和行动赋予社群正向价值

社群正向价值的形成是正向价值观成熟的基础，所以，要想让社群具有号召力，能在精神层面带动社群成员，就得借助正向价值让社群成员的精神更加饱满，如图7-14。

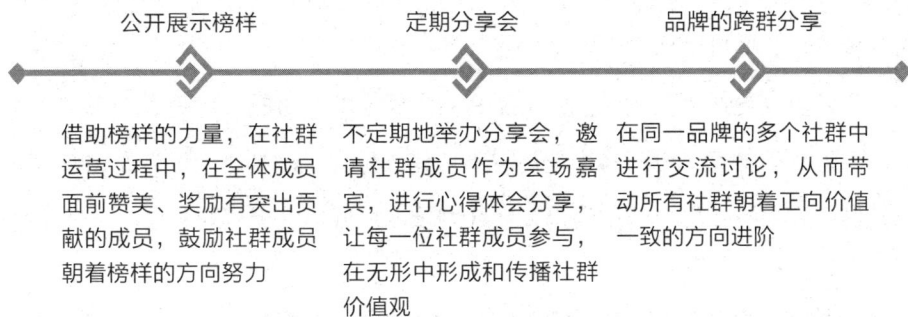

公开展示榜样	定期分享会	品牌的跨群分享
借助榜样的力量，在社群运营过程中，在全体成员面前赞美、奖励有突出贡献的成员，鼓励社群成员朝着榜样的方向努力	不定期地举办分享会，邀请社群成员作为会场嘉宾，进行心得体会分享，让每一位社群成员参与，在无形中形成和传播社群价值观	在同一品牌的多个社群中进行交流讨论，从而带动所有社群朝着正向价值一致的方向进阶

图7-14　社群正向价值的展示

2. 社群要有主流文化观念

当下，正能量是主流的文化观念，正能量也是人们追溯的价值潮流，所以社群的文化观念也离不开正能量。具有正能量的社群才可以依靠自身魅力将群成员牢牢地吸附在社群中，积累忠实的社群成员，从而更有利于社群正向价值观念的传播。

3. 构建能让群成员认同和可执行的价值观

我们构建社群价值观的目的就是让社群成员在一种精神凝聚力的促使下形

成一致的认同感，所以社群文化价值观的设定要能够照顾到所有人，并且这样的社群价值观还要具备一定的执行力，也就是价值观可以落到实地，而不是构建大而虚的框架。

◎ **有效利用社群亚文化激发成员活力**

社群中除了主流文化观念之外，还有社群成员自身逐渐积累的亚文化。社群中的亚文化是社群成员之间在融合与发展的过程中慢慢积累和营造出来的文化现象。很多情况下亚文化可能并不理想，但是有一些亚文化具有很好的文化影响力，可以激发社群成员的活力，让社群成员可以自觉地进行社群内容的开发和尝试，从而让社群文化得到更进一步的传播。为了让社群中优秀的亚文化得到传播，我们可以建立垂直地域化社群，如图7-15。

当社群变得过于庞大时，社群运营者可能无法对所有群成员进行管理，而且随着群体的增大，更容易出现话题不一致的状况，这时，就可以尝试进行垂直地域化方向的社群管理和建设，让社群依据地域建立相应的分舵。

高度认同社群文化

社群在各个区域建立的分舵要继续坚持主社群的文化价值，然后结合地域色彩进行亚文化的开发和使用，接受主社群的监督并参与互动

具备足够强大的社群能力

分社群在建立的过程中，一定要遵从主社群的要求，明确设计的媒介

主社群可以与分社群进行有效互动

主社群还要与分社群建立精神沟通、文化价值沟通

图7-15 垂直地域化社群

破解中心化，构建多中心化社群场景

在初步构建社群时，我们可能更看重社群体系的庞大，也就是在一个社群中心的带动下，形成一个庞大的社群。在这个只围绕一个中心发展的庞大的社群体系中，很难展开精准化的社群营销，而且，在这样庞大的社群中，由于体系太繁杂，信息传递过程变长、效率变低，社群运营人员会面临更加繁重的管理工作。这些中心化在某些情况下表现出来的弊端让人们意识到去中心化的重要性，于是，在去中心化的思潮下，便诞生了一些新型的社群模式。

◎去中心化下的社群垂直中心化

社群会表现出垂直中心化的现象，也就是整体上的大社群被进行了分解，形成了更加细小的社群，而在这些细小的社群中，依然会存在中心化的现象。这就是对社群进行细分，在每一个细分社群中再构建一个中心来对这些细小的社群予以支持。这样做其实就是去中心化，让社群的整体大中心消失，而聚焦于更加细小的社群，以此来实现更加精准的社群营销。

去中心化下的社群垂直中心化会表现出以下特点。

1. 小而精

垂直社群的规模一般不会很大，较少的成员聚集在一起，但是这些成员都是非常出彩的领域专家，他们除了有着非常深厚的理论知识与实践经验，还有着大量的拥护者。例如，一些微博达人的社群成员会十分拥护他们。

2. 超级人物聚集

在这些垂直社群中，一般会有一些超级人物或行业明星，他们具有很好的号召力，可以为社群集聚非常高的人气。

垂直中心化社群看似仍然有着较强的中心化现象，其实并非如此，垂直中心化的本质是多中心化，这与去中心化的追求是一致的。

◎社群的去中心与多中心机制

社群在发展到一定的程度之后，就必须走向去中心化和多中心化的道路，一般而言，去中心和多中心是类似的，因为它们在本质上是相通的，当然也可以理解为"去中心化的本质就是多中心化"。在多中心化的社群场景中，社群成员都有机会进行话题的创造，这将更加有利于社群进行高效运营。为了实现这种多元的中心化，社群需要在自己的发展过程中做出合理的规划，来让社群进入更加有机的多中心状态。

1. 赋予社群成员"话题制造机"的权利

为了提高社群成员的积极性，满足社群成员的诉求，开通社群的评论窗口，推送有新意和创造性的话题，让社群成员进行讨论，满足社群成员对话题话语权的掌握。

2. 完善社群制度

每一个社群都应该由与自己的运营机制相适应的社群制度，而且这样的社群制度应该由社群自己来构建完成。同时，社群还要为自己运营的品牌制定运营制度，以更加完善的框架来推动社群品牌的运营。当然，社群在制定运营制度时，最好是通过社群成员的投票来决定最终的结果，这样既能满足大家对社群事务的参与欲望，也能听到更多的意见，建立更加有效的社群制度。

3. 不能让意见领袖拥有特权

社群成员在很多时候都是因为社群领袖的感召力才加入了社群，但是这并不意味着社群领袖就能独享特权，也就是说，社群领袖与社群成员是处在一个层面的，他除了履行自己的职能外，其他权利与社群成员一致。

在朝着多中心化发展的过程中，社群可以利用多样化的场景来制造更多的场景，进而促使社群复制扩散。在社群复制扩散的过程中，最有效的手段是借助社群所在平台自身的特点，创建更加多样化的场景，进而实现社群的扩散。例如，百度贴吧通过话题置顶，关注、签到，等级、头衔、名称的显示，友吧互动，贴吧吧主选举等设置与精彩活动，使得百度贴吧成为一个全新的场景体验平台。这也使得贴吧成员的积极性有效提高，而且根据成员之间的兴趣和积极性等，可以将这样的社群进行再一次的复制扩散。

以用户为基础进行社群场景的垂直化细分化，就能构建更加精细化的社群，来满足不同用户对社群场景的追求。同时围绕用户基础，可以更好地为各具特色的社群成员提供社群服务。通过这些机制措施，方能实现用户的细分，形成更加多元化的社群场景。

高档次的社群品牌价值，才能吸引用户

要让一个社群更具有魅力，对用户产生吸引，社群自身的品牌至关重要。除了社群当中的产品可以具有品牌之外，社群也可以拥有自己的品牌。社群品牌还是有档次的，其档次的高低一般与社群品牌的含金量、文化特质等有关系。如果品牌拥有高阶的档次，那么变现通路也将会非常丰富。

◎社群文化与标签是社群品牌制造的基础

社群文化是社群成员接触社群之后最先感知到的一种氛围，所以社群文化的创建是社群构建中的重要一环，为了让社群文化在第一时间被用户接纳，社群文化就需要朝着能满足用户需求且充满潜力的方向发展，在更有活力的社群文化的氛围下，更便于制造社群品牌，见表7-4。

表7-4 社群文化发展

出发点	具体内容
聚合社群文化的焦点，使社群文化得到深度发展	在社群的任何发展阶段，都要对社群成员进行社群价值的灌输，这可以通过一些社群活动、社群成员"禁言机制"等来实现
让社群不断分裂细化	要让社群文化得到延续和传承，主社群需要进行很多次的分裂，产生更多的细分社群，来进一步保证社群文化的衍生

此外，给社群添加更具个性化的标签，会使社群表现出独特的气质，更加具有吸引力，提高用户黏性，从而潜移默化地塑造出社群所特有的品牌。例如，豆瓣具有的文艺、独立标签吸引了很多文艺青年在此聚集，甚至把豆瓣当成他们精神寄托的家园。

◎打开社群变现通路提升品牌价值

社群品牌的价值还需要通过变现来实现，而社群变现最重要的就是找到变现通路，这就需要保持开通社群的场景边界，允许更多新鲜的、多样化的场景融入，为变现做好基础准备，如图7-16。

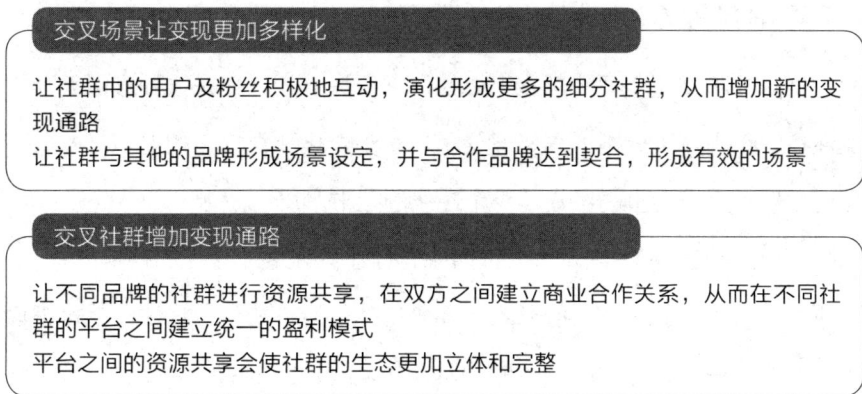

> **交叉场景让变现更加多样化**
>
> 让社群中的用户及粉丝积极地互动，演化形成更多的细分社群，从而增加新的变现通路
> 让社群与其他的品牌形成场景设定，并与合作品牌达到契合，形成有效的场景

> **交叉社群增加变现通路**
>
> 让不同品牌的社群进行资源共享，在双方之间建立商业合作关系，从而在不同社群的平台之间建立统一的盈利模式
> 平台之间的资源共享会使社群的生态更加立体和完整

图7-16 社群变现通路

在这种交叉场景及交叉社群营造的社群变现通路增加的情况下，社群之间达成了一种利益共同体的模式。于是，社群品牌便在这样的利益共同体之间进行了有效的普及，从而为社群带来更多的收益。这样，社群成员才可以获得有效的利益，这提高了他们对社群品牌的依赖度和忠诚度。为了让社群品牌与社群成员之间的关系更加紧密，社群需要打造收益与利益的共同体来增强社群的

整体凝聚力，如图7-17。

收益共同体

社群可以制订自己的品牌计划，定期公布品牌销量，在销量完成的情况下，通过派发红包等形式对群体社群成员表达感谢。红包的激励能够在一定程度上满足社群成员在物质上的需求，并对社群形成依赖，更愿意融入社群的营销模式当中

利益共同体

社群可以设置贡献奖章、贡献排行榜、人气榜等来满足社群成员的精神需求。精神奖励元素的加入能肯定社群成员对社群的贡献，进而让其产生荣誉感

图7-17　社群收益与利益的共同体

◎垂直打造小众化与个性化的社群品牌

社群的品牌文化主要是基于大众的诉求而设立的，但是这种直面大众的品牌调性在一定程度上就不能满足部分用户对小众化和个性化的追求。所以，这就需要打造垂直方向上的小众化及个性化的社群品牌。

1. 从专属性、稀缺性、差异性着手构建小众化、个性化的社群品牌

所谓专属性，就是该品牌只为小部分群体打造；所谓稀缺性，就是指该社群品牌下的产品数量是有限的；所谓差异性，就是社群品牌会树立一种与众不同的形象。

2. 从独一无二的体验着手打造小众化、个性化的社群品牌

这就要求这部分社群活动能够打破传统的思维，使得品牌的内容及用户进入的流程更加具有独特气质，在这样的诉求下打造小众化、个性化的社群品牌就需要借助逆向思维来实现。

（1）接纳用户对社群品牌的负面评价和意见，从而不断优化社群品牌，并对用户的优秀意见进行奖励，进而在用户身上得到更多、更有效的社群品牌

的改进方法。

（2）让社群品牌保持神秘感。在社群品牌投入市场之前要做足话题营销，通过各种话题为社群品牌制造神秘感，从而激发用户的好奇心，对社群品牌进行持续的关注。

（3）社群品牌独一无二的体验需要借助专属的活动来完成。在社群品牌的体验设计过程中，注重细节上的设计，让社群品牌的体验活动与社群品牌的调性达到契合，在不经意间打动用户，树立品牌形象。

◎建立信任关系增强社群品牌的参与感

社群品牌最终要在被用户接纳的基础上实现传播，还需要依靠社群品牌与用户之间的强信任关系来实现，有了信任基础，用户的参与概率才会提高。

1. 通过与用户及时沟通、解决负面问题来创造强信任关系

互联网时代，品牌的负面问题特别容易在网络上流传，因此，社群一旦发觉自己的品牌存在问题，一定要积极地应对。具体来说，社群负责人要及时与用户沟通，真诚地表明自己的态度，然后一一答复社群成员的问题，让所有疑问和矛盾能够得到有效化解，从而利用对负面事件的处理能力来进一步提升社群品牌形象，让用户对品牌有更强的信任感。

2. 公开社群中的各项活动信息，让社群成员在参与中对社群品牌产生信任

社群发起的一些活动，特别是收费明细等事项，一定要让社群成员都能看到，这样公开透明的活动能在无形中让社群成员产生强信任。

【场景说】社交场景创造出的多元化商业法则

社交场景在场景营销过程中占据着重要的地位，这种基于人与人之间的沟通交流而搭建的场景营销渠道，同样可以建立有效的商业营销法则。在社交场景下，这样的商业营销法则主要表现在这几个方面：个性化定制下的多平台联动营销法则、强连接力品牌下的新生态营销法则、"场景+关系+内容+互动"下的商业营销法则。

1. 个性化定制下的多平台联动营销法则

该社交场景下的营销法则诞生于多种类社交平台的兴起。在互联网的支持下，不同的社交平台前赴后继地出现。同时，在各大社交平台下面，聚集着具有不同特性的用户。这些个性化的用户有着不同的消费喜好和消费心理。为了通过这些社交平台搭建的社交场景进行营销，就需要针对社交平台用户的个性推出定制化服务，这样才能迎合消费者的喜好，让消费者积极参与到品牌的营销当中，积极与品牌进行互动，得到最好的体验，同时进行体验分享，进一步促进品牌的传播。

例如，较早时期可口可乐"昵称瓶"的营销就是借助社交的圈子，迎合了消费者的消费心理和消费喜好，对可口可乐瓶进行了个性化包装——当时比较流行的一些词语，如"喵星人""天然呆""高富帅"和技术男、闺蜜、文艺青年等时尚热词纷纷上了可口可乐的瓶身包装。这种被赋予情感的包装设计获得了消费者的极大认可，消费者纷纷根据自己的需求来选购这些"昵称瓶"。这时，消费者关注更多的是可口可乐瓶身上的这些昵称带给他们情感上的一种共鸣与满足。

可口可乐"昵称瓶"的营销最先在微博上开展，通过海报最终揭晓可口可乐将进行"换装"，然后在线上发起"昵称瓶"的限量预售，在不到一分钟的时间内，300瓶全部售完。此外，可口可乐还与某平台进行线上合作，"昵称瓶之恋"活动取得了良好的营销效果。同时，可口可乐还与1号店进行合作，进一步提高了"昵称瓶"的销量。

可口可乐通过与社交平台的联动，完美地借助了社交场景的渠道，让品牌进一步在年轻人之间进行了扩展和传播。

2. 强连接力品牌下的新生态营销法则

企业营销的主流法则是与客户建立良好的连接渠道，使彼此之间可以实现互融互通，达到无缝对接的状态。通过社交平台建立与粉丝的交流群，借助社交平台的传播能力，可以让企业的营销信息快速进入社群之中，通过社群成员的分享实现辐射化的快速传播。

例如，特斯拉汽车公司作为一家科技公司，在进军中国市场时，其官方微信发出了一条由图片、音频、视频组成的数字名片，这张信息化名片制作精美，强烈的视觉冲击给人留下了深刻的印象。微博、微信等社交平台成了这张信息名片的传播通道。此外，特斯拉还展示了轻手机App在商业营运中的巨大作用，通过移动端的轻手机App与社交媒体的有效结合，借助社交手段，特斯拉发掘了自身巨大的商业价值。

企业通过开发自己的轻手机App，再与社交平台进行有效连接，可以在更广阔的范围内传播自己的品牌，形成新的商业生态，进而实现更高的商业价值。

3. "场景+关系+内容+互动"下的商业营销法则

随着智能手机的发展，社交媒体拉近了人与人之间的距离，也很近了人与商业场景之间的距离。所以社交媒体不只是人们的交流工具，更是商家构建社交营销场景的工具。

第八章

◎

场景营销管理，让体验营销落地

◎

在场景营销中，要实现最终的成功，管理工作至关重要。场景营销过程中要做的管理就是场景管理，而场景管理的实现需要结合多方面的内容。例如，从用户的期望出发，让场景营销更加满足客户的需求；对场景营销渠道进行整合，让更多的价值诞生于多渠道协作场景；洞察用户的实际需求，来构建我们的营销目标；跟随价值的动态变化，寻找合适的路径实现场景营销。可以看出，场景营销的管理工作是对营销工作的进一步规范和协调，其目的是让场景营销的过程变得更加顺利和有效。

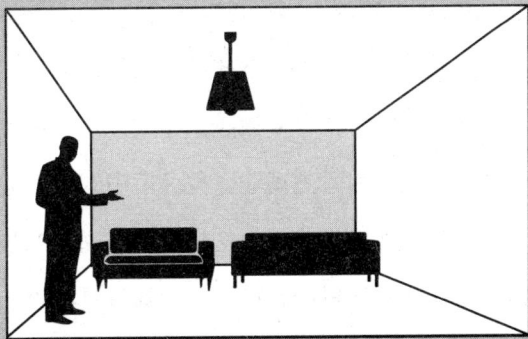

场景营销管理的内涵

场景管理是企业经营管理过程中的一项新管理内容，是经营管理理念下的一种新型管理模式。场景管理的内涵是用户场景和协作场景，这是基于互联网而重新构建的商业模式中比较受人关注的两个方面。当然，场景管理的结果最终会体现在价值和效率上，价值是指企业能够为用户创造的商业价值，效率体现在场景营销过程中的各方协作上。各方协作越紧密，公司的场景营销就会越高效，从而为用户制造更多的商业价值，所以价值和效率二者之间是互融互通的。

◎场景管理中的出发点与协作场景

1. 场景管理的出发点

场景管理的出发点是建立在互联网时代产业价值链改变和创新的基础上的。在互联网时代，商家越来越关注用户在商业价值中的作用，以用户为中心的商业模式成为激烈商业竞争环境中的取胜关键。

例如，抓住商业机会的极链科技通过AI技术将视频场景进行拆解，然后在拆解过的视频场景中投放广告。通过这种智能广告投放模式，该企业的平台积累了数以万计的品牌和商家，同时，极链科技还将视频场景有效地连接，这就使得视频场景、商家、品牌都被连接到自己的旗下，形成了一种新的购物体验场景——"让商业在场景中发生"。极链科技促成了用户在享受视频场景的时候发生购买的行为。

对于企业来讲，构建与企业营销内容相关的营销场景能让用户进行自由的消费。构建营销场景时，要尽可能地挖掘用户需求，以用户的需求为中心，为用户提供更高效的营销场景。

2. 场景管理中的协作场景

场景管理中的协作场景是互联网时代企业进行价值创造的载体，也就是说，企业场景营销的实现要以协作场景的构建为基础。协作强调，与形式上的分工以及分工后带来的岗位和职责的不同相比，分工后的协同更加重要。一些组织会将组织的目标细分到每一位员工，力求通过员工完成自己的岗位职责来实现组织整体的目标。而在协作场景中，每一位员工在组织中承担的只是角色，然后尽可能发挥自己的创意和主观能动性，来为组织创造更大的价值。

例如，海尔集团在发展过程中，经历过部门之间信息闭塞、组织效率低下、直线职能式组织结构臃肿等问题。面对这些阻碍企业发展的困境，海尔集团开始在内部推行"1000天流程再造"运动，也就是对组织中的流程进行核心流程和支持流程的划分，同时沿用阿米巴管理模式为组织引入了"市场链"的交易机制。但是这样的改革模式并没有起到实质作用，于是，海尔集团继续深入改革，将8万多名员工划分为2000多个自主经营体，使得组织管理模式改为倒三角模式，每个经营体中的员工直接面对用户，以员工为用户创造的价值大小来决定员工自身的收益回报，如图8-1。

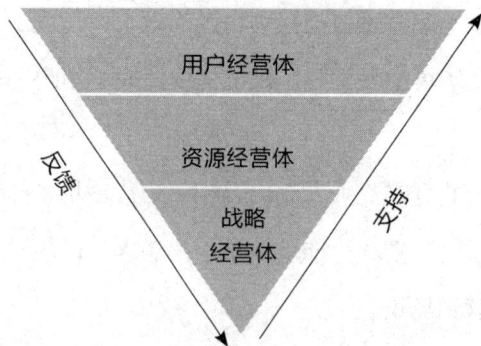

图8-1 倒三角管理模式

海尔集团这种倒三角的管理模式让组织管理变成了一种自下而上的服务模式，在自主经营体的基础上，海尔集团做了更进一步的发展，朝着利益共同体、小微企业的方向发展，还出现了资源平台，通过协同内外部资源为企业赋能。从海尔集团的整个发展历程来看，其成功的关键是网络化的组织细分及协调，这是一种更生态化的组织模式。

◎场景管理的目的——提升效率和价值

管理存在的意义就是为企业组织的经营进行服务，让企业的经营更加高效，而从获得更多的收益。同样，场景管理的目的也是让场景营销的过程更加高效，更有效地协调各方资源，从而为用户带去最大价值的同时，让企业自身获得最大收益。

所以，场景管理的最终目的还是提升效率和价值，也就是在高效率的营销场景下创造用户价值。

1. 为用户创造价值是企业经营的基本方向

企业只有在满足用户需求的基础上创造产品价值，才能让企业的产品被用户所接受，从而让产品为企业带来收益。

用户价值主要体现在用户对企业推出的产品或服务的支付意愿与购买动机上。为了让企业的产品或服务最大限度地满足用户、给用户带去价值，就需要企业深入地洞察用户需求，管理好用户的期望。

2. 高效率主要体现在企业内部的协作上

协作是有指向的，其要求企业内部人员超越传统分工下的各司其职状态，将企业的目标和结果统一起来，让企业的所有活动目的都指向同一个方向——为用户创造价值。这就要求企业打破传统的边界划分，为用户提供能够进行协作的场景，在此基础上再步入场景营销中。

从这里可以看出，场景管理要遵循以下几点管理逻辑，如图8-2。

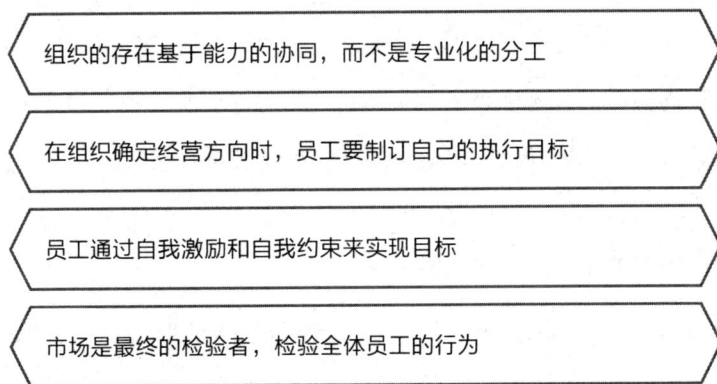

组织的存在基于能力的协同，而不是专业化的分工

在组织确定经营方向时，员工要制订自己的执行目标

员工通过自我激励和自我约束来实现目标

市场是最终的检验者，检验全体员工的行为

图8-2 场景管理要遵循的管理逻辑

从用户期望出发，在竞争下满足客户需求

用户对产品的期望，一方面出于对产品的比较，通过比较，用户会发现性能更优越的产品，从而会产生使用更优产品的期望；另一方面，出于对当前产品的不满。在激烈的竞争环境下，企业之间进行产品的差异化定位，用户选择产品时面临的参考信息越来越多，从而对产品的性能有了更高的要求，抱有更多的期待。所以，越能满足用户期望的产品越能被用户接受。

◎基于用户需求进行产品价值定位

用户需求一般来自某一具体场景中用户需要解决的问题，具体的措施会应运而生，帮助有需求的人解决问题。例如，共享充电宝就是为了解决用户外出手机没电的问题，各类美图软件就是为了满足用户对拍出好看照片的期待……

用户需求多种多样，但用户需求的来源，除了对当下产品的不满之外，还有对当下产品更理想状态的追求，如图8-3。基于这样的用户需求定位，我们就能得出产品的价值定位维度。

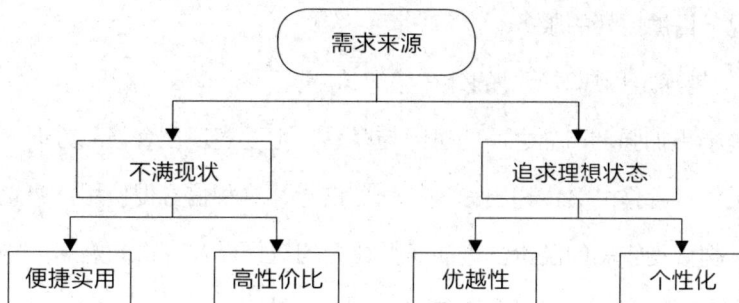

图8-3　用户需求来源

1. 以产品的便捷实用进行价值定位

主要围绕以下路径展开。

（1）产品的便捷主要体现在以下三个层面，见表8-1。

表8-1　产品的便捷体现

产品的便捷体现	具体内容
以用户思维为出发点	奉行用户友好的设计理念，减少用户的使用成本，且让用户能够快速上手使用。特别是在互联网时代，用户友好型产品更能得到用户的喜爱和传播
易得性	在电商繁荣的背景下，手机下单给用户带来极大便捷以外，还需要物流体系做好配合，通过新零售，将线上、现场、技术结合起来，让用户所见即所得
使用权与所有权的分离	通过共享经济模式，让闲置的产品借助互联网的连接流动起来，实现最大化的利用

（2）产品是否具有实用性由用户决定，当用户认为产品可以解决问题、节约成本、降低风险等时，产品的实用性就体现出来了。

2. 产品的高性价比

主要体现在两个方面：一是相同或更好条件下价格更低，二是价格差异不大的情况下提供更好的服务。

3. 优越感是用户对产品的外在感知

优越感更加强调产品之间的对比与联系，主要表现在奢侈品方面。因为在很多情况下，奢侈品会传递出一种特殊的信号，这种信号促使用户愿意为自己喜好的品牌接受较高的溢价，进而获得社会的认可以及身份的感知。

4. 个性化更强调的是用户对产品的内在感知

个性化更加突出产品的归属感。对个性化的追求是基于大数据、物联网、智能技术等的兴起与成熟而产生的，这些技术的成熟让个性化定制得到了普及和发展。

◎**围绕用户场景营造价值感**

用户在产品服务过程的各环节的行为与认知构成了用户场景，这些不同的用户场景使得企业与用户之间通过各种方式和渠道建立联系，而且每一次联系都是企业开展营销的机会。

产品服务的各环节主要包括感知、评估、接触、使用、反馈，它们一起构成了一个全场景的营销体系，如图8-4。

用户场景	营销重点	目的 / 效果
感知场景	捕捉用户注意力	激发用户对解决方案的需求
评估场景	体现与竞品的差异	促使用户选择
接触场景	提供沉浸式体验	促使用户购买
使用场景	以产品为营销媒介	二次传播
反馈场景	巩固用户关系	促进产品升级换代

图8-4 全场景营销体系

这五个用户场景构成的全场景的营销体系，每一个场景都有不同的意义。

1. 感知场景

指用户在特定的场景下，通过各类广告、网络媒体、口碑传播等渠道对某一产品信息进行感知。在这种感知场景中，营销的目的是激发用户对解决方案的需求，并通过内容来增强用户对企业所提供的解决方案的兴趣与信任。

2. 评估场景

由于市场上存在较多的需求解决方案，所以用户在购买前，会通过不同的渠道和途径对选择对象进行评估。为了让用户通过评估选择自己的产品，企业需要让自己的产品更具有差异化，此外，企业还需要了解用户评估产品的渠道。

3. 接触场景

用户对感兴趣的产品进行信息收集与评估之后，还是希望与产品进行实际接触，进而做出最终的购买决策。在用户的接触场景中，企业要为用户提供沉浸式的体验，通过听觉、嗅味、视觉、味觉、触觉等全方位加深用户的接触体验，从而进一步打动消费者。

4. 使用场景

进入使用阶段，用户会建立起更加直接的产品认知。营销的落脚点就是产品本身，产品才是最好的宣传，所以使用场景中用户对产品的使用感知会继续影响产品的传播。

5. 反馈场景

指用户直接向企业反馈产品给自己带来的使用价值。有了用户的反馈，企业可以直接了解自己的产品在市场中的优势、潜在的问题、改进的地方，也可以进一步营造用户对产品的信任感、参与感，从而提升用户体验，带给用户完整的产品体验过程。

整合营销渠道，让价值诞生于协作场景

企业既有面向外部的活动，又有面向内部的活动。就企业对外面向用户的场景而言，是通过挖掘用户需求，提供让用户满意的产品来实现用户期望；而企业内部的所有活动都会直接或间接地为外部目标的实现而服务。企业中这些活动的载体实质上就是一个个协作场景，每一个协作场景都对应着一类问题或一类需求，协作的目的就是解决问题和得出结果。所以，在企业管理中，各类活动之间的协作是非常重要和有意义的。

企业内部的协作场景主要是为了解决用户需求、经营需求、发展需求、变革需求而存在的，通过高效的协作场景满足企业的这四类需求，是为了让企业实现更大的整体价值。

◎为用户需求提供解决方案

用户需求一直都是企业跟踪和关注的要点，在互联网时代，信息传播渠道愈加丰富，用户的需求洞察更加重要，只有多方收集用户的需求，设计出更能满足用户需求的产品或服务，才算是为用户需求提供了对应的解决方案。不过，在为用户需求提供解决方案时，企业要对用户的需求场景进行定位，对用户类别进行区分，然后整合并协同所有的内外部资源，对自己的产品或服务进行创造、优化、升级。

例如，360公司推出的第一代儿童手表的功能定位在安全性。但是这款产品并没有受到市场的认可。于是，360公司推出第二代儿童手表的功能定位在通话。因为360公司发现，在小孩放学后，还未下班的父母特别希望通过电话来了解孩子的情况。

企业要找到用户真正的需求，就需要深入用户的场景中，通过体验用户所在的场景，发现用户的真正需求并快速地响应，然后采用迭代的思维，避免在解决方案上投入过高给企业带来意想不到的威胁。

◎提升资源使用效率，解决企业经营需求

企业在经营的过程中，需要以有效的资源利用方式尽可能地提高企业对人、财、物等资源的使用效率，从而来应对和满足用户不断变化的需求。一般情况下，企业有三种方式可以提高自身资源的转化率，如图8-5。

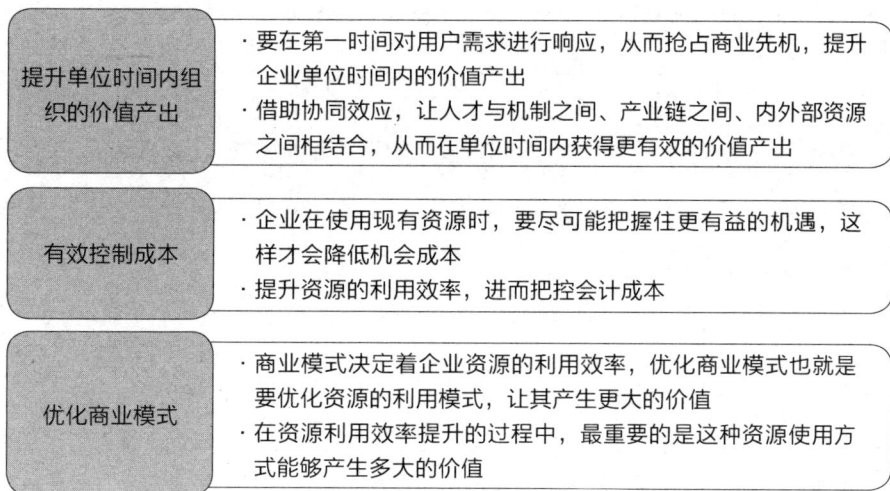

提升单位时间内组织的价值产出	·要在第一时间对用户需求进行响应，从而抢占商业先机，提升企业单位时间内的价值产出 ·借助协同效应，让人才与机制之间、产业链之间、内外部资源之间相结合，从而在单位时间内获得更有效的价值产出
有效控制成本	·企业在使用现有资源时，要尽可能把握住更有益的机遇，这样才会降低机会成本 ·提升资源的利用效率，进而把控会计成本
优化商业模式	·商业模式决定着企业资源的利用效率，优化商业模式也就是要优化资源的利用模式，让其产生更大的价值 ·在资源利用效率提升的过程中，最重要的是这种资源使用方式能够产生多大的价值

图8-5　企业提高自身资源转化率的方式

◎改变资源利用方式，解决发展需求

企业的发展是以资源的有效使用为基础的，为了让企业实现可持续的发展，在企业的发展过程中，就需要对过去的发展基础进行颠覆和创新，尽可能地改变资源的使用方式。这就是说企业要摆脱网络遮蔽效应[①]，改变企业人才、技术、供销网络、产品、资本等资源的利用方式，见表8-2，让企业进入可持续发展状态。

表8-2 改变资源的利用方式

资源种类	改变资源的利用方式
人才	内部裂变式创新
技术	专利互换与技术延伸
供销网络	将新产品快速推向市场
产品	以产品为载体提供新的解决方案
资本	专业化投资能力

通常，企业的发展是围绕着产品展开的，产品同样可以被视为是一种可以改变利用方式的资源，那么在这种情况下，企业的发展模式会有以下两种选择。

---

① 网络遮蔽效应：企业规划未来时，总是会受到当前技术优势、商业模式、供应商关系、分销代理网络等的影响，而忽略了那些足以改变整个产业或者行业格局的技术或消费变迁，从而对趋势视而不见的现象。

1. 根据原有产品的用途提供解决方案

当原有产品的用途比较单一时，企业可以对产品进行创新，通过给产品配置一些设备拓展产品的用途。例如，陕西鼓风机集团最早的产品是单一的鼓风机，由于竞争企业增多，企业发展面临着革新。于是陕西鼓风机集团推出了成套的装备系统解决方案与系统服务，从而迅速获得了产品市场，实现了产业价值的提升。

2. 根据原有产品的特征为其嵌套其他服务

当产品具有的特征可以容纳其他产品进入该产品的活动范围时，就可以将其他产品嵌套进该产品当中，并为该产品提供服务。例如，在全天营业的7-11便利店中引入ATM机，通过增加现金服务，进一步丰富了7-11便利店的功能，进一步彰显并提升了便利店的价值。

◎提升组织效能，满足变革需求

在企业的发展过程中，随着相应标准及规范的出现及成熟应用，员工会形成相应的思维模式和行为习惯。但是，企业的经营模式不是一成不变的，其需要跟随时代的变化适时地做出变革，所以这时，员工的这种固有思维模式和行为习惯就不再适应企业的发展。在现实中往往会遇到这样的情况：企业的经营情况在变，但是企业的员工不能跟上企业变革的节奏。所以在企业变革的过程中，员工的思维标准定式是一个非常大的阻碍。要想解决这个问题，企业可以从以下四个方面着手，如图8-6。

可以看出，场景管理的动机就是让资源在协作场景中发挥应有的最大价值，从而借助互联网时代的契机发掘、创造价值，让价值在有限的通道内实现最大化。

让危机推动企业进行有效变革

危机一般是最容易促进利益共同体形成的外部推力

让员工与企业的利益达成一致，从而推进企业变革

企业要通过各种方式让员工感知变革的好处，例如增加报酬、提升工作便捷性、改变工作意义等，与员工进行深度的沟通，将会有利于变革的实现

领导者要深入地参与到企业的变革当中

企业变革决策的制定只是变革的开始，要让变革深入地推行下去，还需要企业领导参与其中，在执行的过程中实时地对执行方案进行优化

组织变革是一个从软性到硬性的过程

组织的商业模式是以员工的经营理念和思维方式为基础的，在这些软基础改变的情况下，硬性的组织变革才能实现

图8-6　解决员工思维标准定式的方法

洞察用户需求，构建场景营销目标

洞察用户需求是场景营销的基本内容，这其实是一个靠近用户、关注用户的过程。洞察用户的基本目的是发现用户需求，我们可以根据用户需求对我们的产品进行改革创新。

◎场景中的用户深度洞察

企业在营销中取胜的关键是能够充分掌握用户信息，这些用户信息是通过企业的洞察得来的。这种洞察可以是基于用户所处生活场景的再次深入构想，也可以是深入用户场景与用户进行深入交流，发现用户的期望、需求，还可以是对某一类用户场景的构想。

一般来讲，场景中的用户洞察包括用户行为、用户动机、用户决策的洞察。

1. 用户行为的洞察

主要通过对用户数据的分析来实现。在互联网时代，用户的线上消费行为都可以用数据的形式记录下来。企业通过分析这些数据，可以对某一类用户进行更加深入的了解。大数据与人工智能结合后，线下消费场景更加丰富多样，这将成为未来商家争夺用户资源的主战场。

2. 用户动机的洞察

就是对用户消费动机的观察，这样做的目的是通过以下两个层面来促使用户产生消费动机，如图8-7。

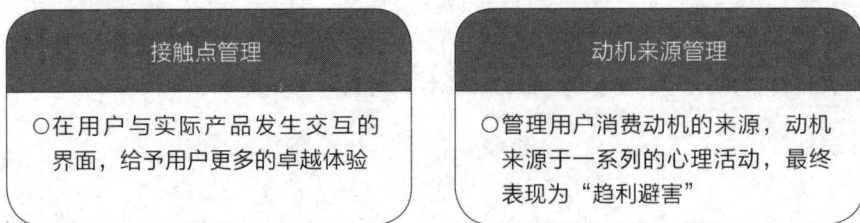

接触点管理	动机来源管理
○在用户与实际产品发生交互的界面，给予用户更多的卓越体验	○管理用户消费动机的来源，动机来源于一系列的心理活动，最终表现为"趋利避害"

图8-7　促使用户产生消费动机

3. 用户决策的洞察

发现影响用户决策的各种因素，如图8-8。

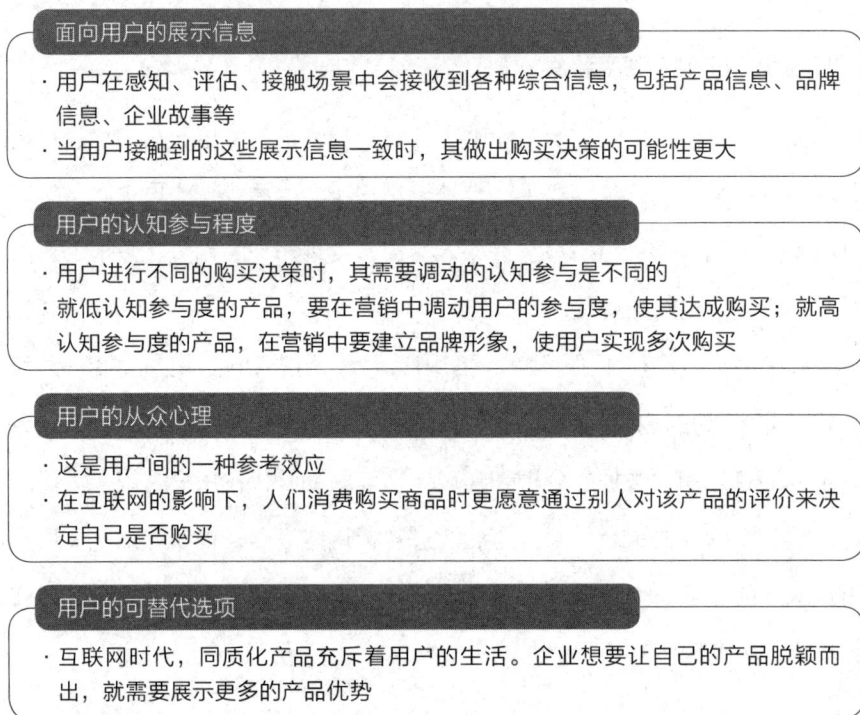

面向用户的展示信息

· 用户在感知、评估、接触场景中会接收到各种综合信息，包括产品信息、品牌信息、企业故事等
· 当用户接触到的这些展示信息一致时，其做出购买决策的可能性更大

用户的认知参与程度

· 用户进行不同的购买决策时，其需要调动的认知参与是不同的
· 就低认知参与度的产品，要在营销中调动用户的参与度，使其达成购买；就高认知参与度的产品，在营销中要建立品牌形象，使用户实现多次购买

用户的从众心理

· 这是用户间的一种参考效应
· 在互联网的影响下，人们消费购买商品时更愿意通过别人对该产品的评价来决定自己是否购买

用户的可替代选项

· 互联网时代，同质化产品充斥着用户的生活。企业想要让自己的产品脱颖而出，就需要展示更多的产品优势

图8-8　影响用户决策的因素

◎场景中的需求重构

对场景中的用户需求进行重构强调的是，并不是所有的用户需求都有被满足的价值。也就是说，满足用户需求并不是用户想要什么企业就给予用户什么，企业在采取行动满足用户需求时，先要对用户需求进行挖掘、分析、判断、筛选，确定哪些需求可以为企业带来盈利后，再进行满足。

用户的需求重构包括四方面的内容：需求频次、需求等级、需求辐射范围、需求可实现程度。

1. 需求频次

不同用户的需求频次会有所差异。例如，人们一周健身的需求频次就因为个体差异而不同。实际上，需求频次在更深层次上是与客单价联系在一起的，如图8-9。

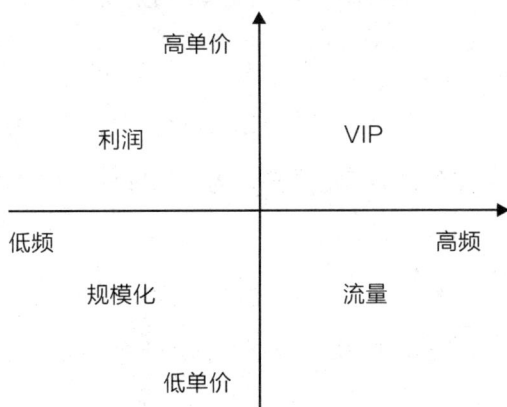

图8-9　需求频次与客单价的关系

2. 需求等级

需求等级所反映的是基于价值的感知而产生的用户黏性。用户本身的需求越强，其对价值的感知能力就会越强，进而用户黏性更强。根据马斯洛的需求层次理论，可以将商业环境中的用户需求等级划分成三个层次：生存状态的满足、社交的满足、个性化与优越感的满足，如图8-10。

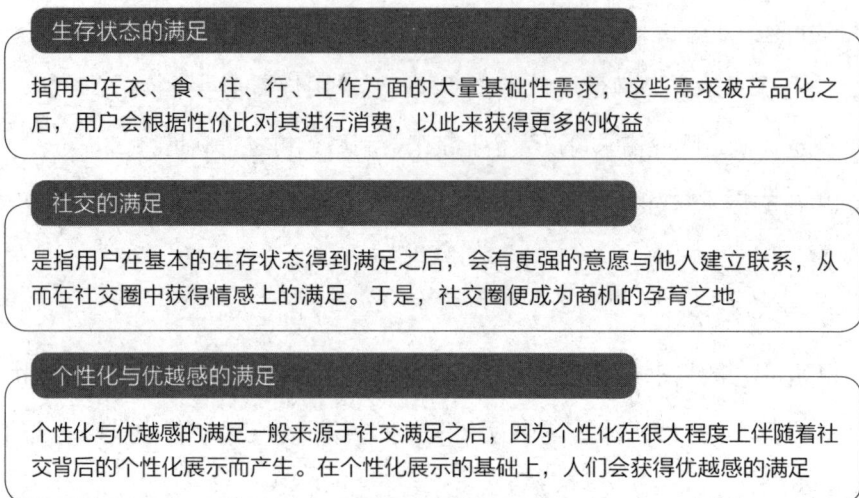

生存状态的满足

指用户在衣、食、住、行、工作方面的大量基础性需求，这些需求被产品化之后，用户会根据性价比对其进行消费，以此来获得更多的收益

社交的满足

是指用户在基本的生存状态得到满足之后，会有更强的意愿与他人建立联系，从而在社交圈中获得情感上的满足。于是，社交圈便成为商机的孕育之地

个性化与优越感的满足

个性化与优越感的满足一般来源于社交满足之后，因为个性化在很大程度上伴随着社交背后的个性化展示而产生。在个性化展示的基础上，人们会获得优越感的满足

图8-10　用户需求等级的划分

3. 需求辐射范围

需求的辐射范围指的是某一需求可以被满足和触及的用户体量。某一产品的辐射范围越广，就能触及越多的用户，为企业带来越多的利益。

4. 需求可实现程度

用户需求的可实现程度由三个指标决定：技术的成熟度——需求所具备的技术越成熟，需求程度越高，企业就会面临越强的竞争，反之亦然；需求产品化的成熟度——成熟的生产渠道能让企业进行高效的生产，进而降低生产成本；市场的成熟度——市场成熟度越高，行业格局也就越稳固，新进入企业的存活能力会越强。这三个指标在用户需求实现的过程中起着支架作用，企业要想满足用户的需求，就需要尽可能地让这三个指标达到一定的水平。

◎为用户提供差异化价值

在用户的需求被产品化之后，企业为了在满足用户需求的同时为自己带来收益，需要为用户提供有差异化的产品及产品所附带的价值，用这种带有差异化但又能满足用户需求的产品牢牢地吸引客户。而要实现这种差异化就需要企业掌握技术、能力、渠道、资源等。

为用户提供差异化产品，同时获得可观收益，可以说是企业发展过程中的价值目标。需要明确的是：价值诞生于企业内部的生产运作效率，而用户最终的综合体验是价值的表现形式。在用户体验产品的过程中，他们只关注产品能满足他们多少的需求，以及产品在价格、性能、效用等方面是否具有优势，所以，只有当企业面向用户的差异化需求提供产品时，才能为用户及企业创造最大的价值。

那么，为了向用户提供具有差异化价值的产品，企业需要采取波特竞争战略中的差异化战略。而对差异化战略的应用又主要以蓝海战略为代表，该战略的使用思维如图8-11。

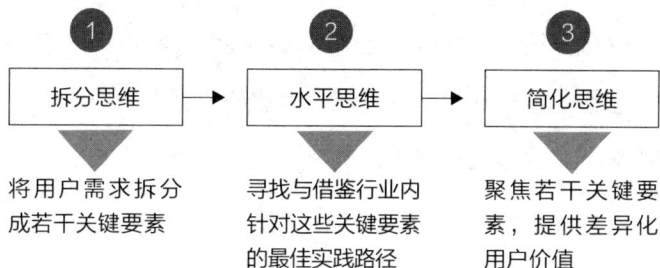

图8-11　蓝海战略思维

移步换景，跟随价值动态把握场景营销

企业要为用户提供价值，必须有一定的环境基础保证企业可以为用户创造价值，这些环境可以是硬环境——组织的支持能力，也可以是软环境——场景赋予营销过程的能力。在此基础上，我们要完善场景管理，还需要走动态化的管理道路，也就是进行前馈和反馈管理，以此为基础做复盘管理，进而为后续管理做好准备。

◎组织的支持能力是价值创造的硬环境

企业依据差异化管理策略确定的用户价值会以产品或服务的形式表现出来，然后让产品以其所具有的差异化优势去对接更多的市场用户。这个过程的实现，是依靠组织的统筹和规划达成的，也就是依靠组织的差异化创新和场景化营销过程实现的，这也是让产品价值由产生走向用户的基本条件，也可以说是硬环境基础。

在市场中，任何组织的存在都有明确的目标方向，并且还有相应的资源、机制等来维持组织进行正常的运转。例如，场景管理视角下的组织管理模式，可以说是组织为员工提供的一个经营展示平台，全体员工可以充分地参与到组织的价值创造环节当中，并且组织还能为员工的价值创造提供与目标实现相对应的资源，此外，组织还会为设计协作场景提供保障机制。场景管理视角下的组织模式是一个协作场景，而且这个协作场景是员工进行价值创造的核心，组织也会围绕协作场景进行价值创造。

所以，组织的协作场景是一个有效的价值创造中心，这个价值创造中心要具备以下这些特征。

1. 场景化协作要有与问题相对应的明确目标和任务

要解决协作场景中的问题，需要组织中的人员组建团队，通过团队的智慧——"群策群力"来解决组织的以下问题，如图8-12。

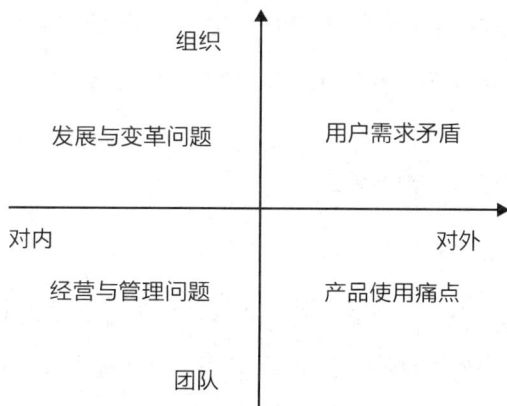

图8-12　组织与团队需解决的问题

首先，组织作为一个整体，对外需要以解决用户需求矛盾为目标。例如，小米为了让自己的低价高性能手机得到用户的青睐，逐渐将用户的注意力转移到了"发烧友""跑分""参与感"等焦点上，让用户因为专业性来选择小米手机。其次，组织中的团队，在对外方面与用户交互，从而发现、反馈产品在使用中出现的问题，进而为产品改进提供支持。例如，一些服装品牌的设计特别注意与用户的沟通，甚至让用户参与产品设计，从而提升用户对产品的满意度。最后，在组织的内部，组织的愿景、使命、战略的实施及发展方向都需要依靠组织的变革来实现，企业不能墨守成规，要积极地迎接变革，吸收新鲜的血液。

2. 场景化决策可以有效决策和高效执行

有效决策和高效执行是一个进阶的过程，先有了有效决策，那么后续的高效执行就会跟上。

有效决策：界定清楚要解决的问题；共享日常经营的活动信息；依据决策者多元化的管理经验与背景制定决策。

高效执行：关注决策执行过程中的问题、目标及结果、行动；发挥组织的优势条件；以决策的最终结果为出发点，明晰执行的路径。

◎场景赋能构建价值创造软环境

要想通过场景为产品赋能，就需要组织调动自己的机制和文化，为产品增加更多的创意和设计感，这些通过外在方式让产品的附加价值提升的基础就是组织的软环境。组织的软环境在很大程度上由组织成员的创新创造能力造就，所以，为了打造组织的软环境，就要继续为协作化的场景赋能。

1. 关注员工之间的角色关系为场景赋能

在无边界的协作化场景组织中，员工们有着共同的愿景和目标，所以团队会形成更加包容和开放的文化。在这种文化氛围中，员工会有共同的目标赋予的角色和职责，然后齐心协力朝着目标不断进取。

2. 场景赋能要让员工有所选择

让员工按照自己的决定执行，上级要做的就是界定清楚员工应遵守的行为边界，这样就能最大限度地发挥员工的自主性和创造力。

3. 关注团队优势给场景赋能

让组织内的创意小组关注优势，并且组织要为其提供重复性的模块化资源，也就是让组织成为一个场景化的协作团队，直接面向用户创造价值，将各项能够间接创造价值的职能聚集在组织中。

◎动态管理为后续管理打好基础

在协作化的场景中，为了让组织在经营的过程中得到有效管理，更好地解决问题，我们还需要通过动态管理对组织进行前馈管理和反馈管理，在这样的管理基础上，还需要进行复盘管理（也就是对整个管理过程进行回顾，找出有效的管理经验和方法，来为后续的管理工作做好准备）。具体来说，这些管理环节主要有以下表现，如图8-13。

前馈管理	反馈管理	复盘管理
·组织中员工最大的差异来自员工经验，经验丰富的员工可以根据过往经历找到问题的关键点，从而有效规避潜在的风险，同时可以设计高效的路径来解决已有问题	·根据决策的执行情况去反馈、调整决策的内容 ·反馈管理的操作过程中要从得出问题和解决问题的思路开始；力求通过反馈管理让执行过程更加优化；在任务结束之际，反馈的效果要达成共识	·项目结束后，对目标的制定过程进行回顾，评价已有的结果，给出定量的数据 ·对项目的执行过程进行分析，梳理资源配置和协作展开路径，发现并解决问题 ·对出现的所有问题进行汇总、分类和解析 ·将项目中的成败经验进行汇总和应用

图8-13 协作化场景中的管理环节

通过这种全流程的管理，可以将场景化协作过程中的问题和结论进行汇总，这种管理经验的汇总可以为后续管理提供借鉴。无论是前馈管理，还是反馈管理，它们的管理结果都要被利用到复盘管理当中。通过有效的复盘管理，组织可以沉淀丰富的管理经验和技术，让组织解决问题的途径更加丰富，从而更好地实现组织目标，为用户创造更大的价值。

【场景说】新时代下，商业环境对企业的影响

在互联网、大数据、物联网、人工智能、营销创新等的颠覆下，商业环境发生了翻天覆地的变化，要想在如此激烈的竞争环境中把握商业机遇，了解当下的商业环境是非常有必要的。

就商业所处的环境而言，主要有产业环境、行业环境和人文环境。在这三大商业环境的包围下，企业间的价值朝着网格化的格局演进，同时企业间的竞争格局也发生了改变，在人文因素的熏陶和影响下，企业的生存方式也进行了革新。

1. 产业环境下的企业价值协作网

在产业间关系日益紧密的今天，产业间的合作变得更加普遍，通过分工合作，产业走上了高效运转的发展道路。例如，借助互联网技术、大数据技术、物联网技术等，物流行业与其他行业之间的合作更加普遍，任何企业都可以在这种科技构建的技术化场景中实现与物流行业的对接。

这种企业间价值协作场景的产生，主要与以下三个因素对产业环境的影响有关，如图8-14。

> **宏观因素对产业环境的助推与抑制**
>
> 政治因素、社会因素、经济因素、国际因素、环境因素在宏观层面上决定了各个产业的走向。一方面，这使得产业从资本流入开始，就吸附了人才、技术、配套服务，让产业得到快速发展；另一方面，产业开始缩减产能，优化资源的投入，提高生产效率

> **技术与商业模式的相互拉动**
>
> 技术只有找到相应的商业模式才能发挥价值，而商业模式的发展也需要有相适应的技术，二者相依相存。当技术被证明有用之后，就会有大量资源涌向它，从而衍生出基于该技术的商业模式，若是商业模式成功，就会促进技术革新

> **产业内的供需关系**
>
> 互联网时代，人们掌握的信息更加全面，以销定产，也就是根据需求进行生产成为企业生产的主要方式。通过数据计算和协调，精准制订生产计划，实现基于需求的产品供给

图8-14　企业间价值协作场景产生的因素

2. 行业环境下的用户需求满足竞争

在互联网时代，企业之间的竞争不再是产品或服务的竞争，而是用户需求被满足的竞争，也就是对用户的竞争，只有获得足够多用户的一方才能占据市场的主要位置，获取市场收益。

这种行业影响下的用户需求满足主要受以下几个因素的影响。

（1）企业对商业信息的反应速度。互联网时代的信息流速加快，信息获取通道增多，企业的经营者可以快速地获取宏观信息、行业信息和市场信息，并对这些信息进行有效运用。企业要想立足于市场，就需要找到契合和满足市场需求的点，从而在满足市场的同时实现商业价值的变现。

（2）丰富的交互场景。借助互联网时代的先进技术，企业可以迅速挖掘到用户的需求数据，对用户进行深入的洞察，从而将产品或服务切入相应的场

景，为用户制造出沉浸式的体验，让用户深入地感知产品，从而认可产品。

（3）用户强烈的个性化需求。在消费升级的背景下，用户的个性化需求日益强烈，对产品的关注转移到了其带给自身的体验感，也就是通过产品来表达自己的情感、社交诉求等，这些产品所具有的体验功能才是打动用户的关键。

3. 人文环境对企业生存方式的影响

互联网技术，特别是移动互联网技术对生活环境的重构，让人们的生活认知、工作认知、自我认知发生了巨大的变化。例如，我们的购物习惯、付款方式、社交方式的改变等，都是依托互联网技术的普及而发生的。于是，与此相适应，便出现了一种全新的人文环境，在这种人文环境的影响下，企业的生存方式也有了改变。人文环境对企业经营产生了以下影响，如图8-15。

人文环境对企业经营信念的影响

在互联网时代，企业经营更加注重人文元素与科技元素的结合。人文赋予企业产品情感属性，满足用户的个性化追求；科技赋予企业产品更多实用功能。二者在产品上的结合让产品更加面向用户

人文环境对企业用户理念的影响

在万物互联的新人文环境下，亚文化与用户情感的契合一定程度上满足了人们的个性化追求；海量信息的充斥让人们的选择越来越多，用户更加挑剔；同时，人们期待品牌更加人格化

人文环境对企业人才理念的影响

在互联网连接一切的情形下，员工的身份变得多样化，员工的选择也变得多样化。企业为了提升员工的满意度，会通过优美的办公环境、福利、股权激励等来调动员工的积极性，让积极的员工为企业带来积极的用户，从而为企业创造更大的价值

图8-15　人文环境对企业经营的影响

可以看出，在这种新的商业环境下，企业的经营与管理模式有了巨大的改变。在新的商业环境下，除了有激烈的竞争之外，还有丰富的机会，企业可以根据用户的需求理念来制造更加丰富的营销场景，用场景为用户带去更加真实的体验感，满足其个性化追求。此外，企业也需要对自己的管理环境进行优化，运用更加积极主动的管理模式，激发员工的积极性，让员工参与到企业商业价值的重构过程当中。人文情感是最能打动用户、促进消费的关键，所以，企业在产品的设计过程中要注重人文元素的投入，营造出更有格局的营销场景，从而更深层次地打动消费者，实现营销。

第九章

◎

蜂窝状组织连接，场景营销的发展流向

◎

在新的商业环境下，技术、人文元素等都为企业提供了更多的价值创造机会，而且伴随着商业模式的改变，新的商业场景也日益丰富。这些商业场景的诞生，就是为了让用户可以切身感受到场景带给他们的满足感与体验感。同时，企业也要尽可能地通过多种渠道对用户需求场景进行深入了解，然后打造更加符合用户需求的产品。企业需要及时更新换代，以便适应处在变动状态的商业模式。

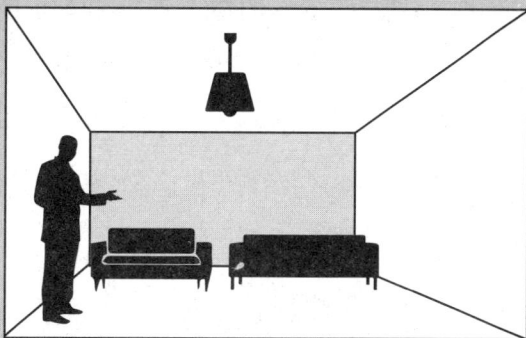

社群重构连接，探索未来商业的爆发点

社群是互联网时代的一种新型营销模式，企业凭借社群构建更加丰富的营销场景，让商业走进社群，连接起更多的商业点，让企业的社群成为未来商业发展的爆发点。

要使社群化场景在未来营销中处于主干地位，还需要通过碎片化的场景将人与商业有效地连接起来，动静态场景各自发挥优势，让社群走向媒体化和平台化的发展道路。

◎碎片化场景将人与商业有效连接

移动互联网造就了丰富的碎片化场景，在这些碎片化的场景中，人与商业的连接也呈现出碎片化的特征。碎片化的场景主要表现出以下特点。

1. 碎片化场景延伸出来更多的话题

例如，关注咖啡的用户，按照不同的兴趣点可以被划分为关注咖啡豆产地的用户、关注咖啡制作的用户、关注咖啡喝法的用户，甚至关注咖啡店装修的用户等。这就是从一个话题延伸出来一系列话题，而这一系列话题又能让每一个具有相似兴趣点的用户找到自己的同类爱好者而实现聚集。

2. 碎片化场景让兴趣被划分得更细

例如，喜好浏览财经新闻的人，在打开新浪财经的网页之后可以发现，网页中分布着多种财经类的新闻——股票、基金、期货、外汇、保险、信托等。每一类的财经新闻下会聚集着相应的新闻喜好者。这就是碎片化场景对兴趣的进一步深挖。

3. 碎片化场景让人们的讨论更加灵活

移动网络技术的升级换代，智能手机的发展和普及，让社群成员的交流可以随时随地灵活地进行，这就使得人们的交流更加畅通，人人都可以参与到话题的讨论之中，移动端为社群场景提供了无限的活跃度。

在移动互联网带来碎片化信息的同时，人与商业之间的连接也变得更加碎片化。一个弹窗广告、一篇别人分享的软文、一张广告图片等，细小的营销方式逐渐占领了人们了解商品的通路，于是，人们不得不通过这些碎片化信息靠近商业。

◎社群场景，让未来商业实现爆发

社群场景作为一种非常普遍的营销场景，其本身质量的优劣决定了社群发展的能力。高端的社群是营销风口——聚合能力与变现能力强大，同时其自身也是营销品牌——个性化与多样化。社群所具有的这些属性将会成为未来商业走向爆发的一个关键。纵观市场，我们可以看到，不管是传统品牌，还是新兴潮流品牌，都越来越关注社群营销场景的构建：塑造独特的社群文化，开拓新颖的社群场景。

为了更好地与用户互动，品牌需要放低自己的姿态，潜移默化地进入大众的生活中，从而有效地构建品牌所具有的社群场景。品牌实现社群场景的运营要尽可能地做到以下几个方面。

1. 品牌要有获得用户美誉的点

品牌要想获得用户的点赞，就需要品牌下的产品给用户点赞的机会，也就是产品能够打动用户，这些打动用户的点可以是质量，也可以是价格等。当人们接受产品的这些美誉点时，品牌的口碑传播就可以形成，进而让用户对品牌产生强烈的归属感。

2. 用户要能感知到品牌的情怀

品牌情怀就是让用户感知到品牌是属于自己的，是适合自己的。例如，一些品牌在诞生之地有非常广阔的市场，因为用户都有着强烈的品牌情怀，更愿意选择具有本土特色的品牌消费，从而在心理上得到情怀方面的满足感。在打造品牌情怀方面，在品牌建设的开始阶段就应该确立用户与这种情怀之间的联系，这种情怀构建要尽可能从受众用户开始打造，然后转向地域方面的打造。

3. 品牌的个性要尽可能一致

在品牌的发展过程中，品牌个性发生改变的事也时有发生，但是建立品牌的目的就是为了打造独特的个性，所以在社群场景的建设过程中，品牌个性保持一致还是比较重要的，这样可以让品牌代代相传，形成良好的口碑和标签。

4. 寻求用户对产品的真实感受

为了让品牌更加彻底地打动社群成员、亲近用户，品牌运营者需要了解用户对品牌更加直观的真实感受。与用户进行深度沟通，了解用户需求，这样才能让品牌适时地做出调整和改善。

蜂窝状组织结构，未来场景营销的主流

社群场景营销的兴起已经进一步模糊了营销的边界，而场景营销背后不同的组织形态（青色组织、阿米巴组织、云组织、三叶草组织、海星式组织等）虽然来源各有差异，但是它们之间的边界也在逐渐模糊，可以说是达到了去边界的效果。在这些组织中，甚至连部门、岗位、职责的划分也在弱化，人员之间开始基于任务、结果等进行更加紧密的协作关系；同时，在形式上，这些组织还表现出围绕中枢进行网络布局的态势，形成了类似蜂窝状的组织形态。

◎蜂窝状组织的构成思维

蜂窝状组织是依据蜂窝分布而进行的组织设计。蜂窝一般是由等六边形构成的组织形态，具有适应性、可进化性、创新性等特点，但也有目标单一、缺乏竞争的劣势。依据蜂窝状组织构建的商业组织在一定的去中心化下，实现了有序的涌现和进化。此外，为了让蜂窝状组织更加适合商业发展，在组织中，还需要加入一定的协调和统筹中枢使组织达到协调，这样就会形成一个类似于蜂群模式的运作团队，如图9-1。

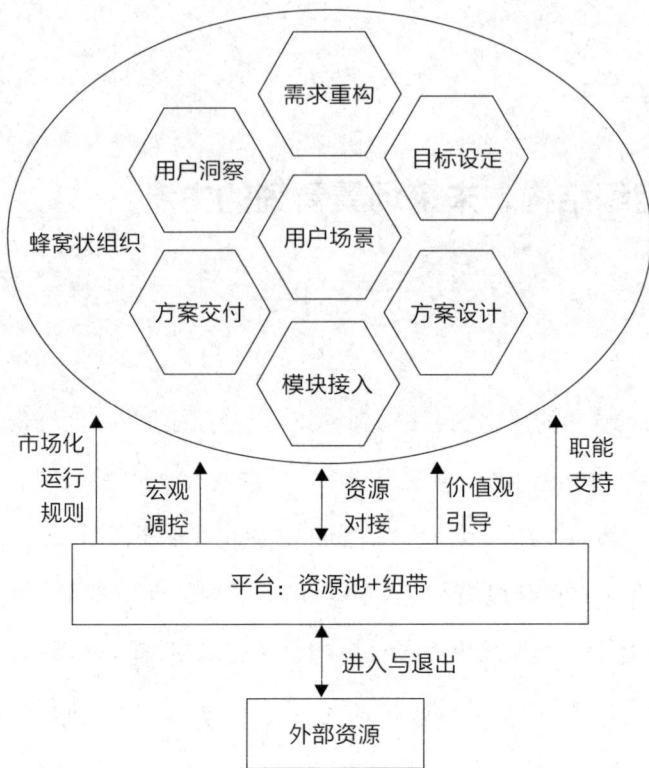

图9-1　蜂窝状组织构成

在蜂窝状组织的运行中，包含着协调和统筹的平台，以蜂群模式运作的团队。平台和团队共同促进蜂窝状组织良好运行，而且它们还形成了由蜂窝状团队构成的业务前端自组织，以及面向平台和资源的业务后端引导与赋能组织。

在业务前端的蜂窝状团队当中，成员之间的协作是没有边界的，因为所有成员最终要面临的都是组织中的用户需求，也就是说团队成员的目标是相同的，他们能够群策群力，完成解决方案的交付。

在业务后端的平台中，围绕着价值交付的核心，平台将纽带与资源池的功能融合在了一起，为协作团队制订出可行的执行计划。

这里的纽带和资源池有着非常重要的作用，如图9-2。

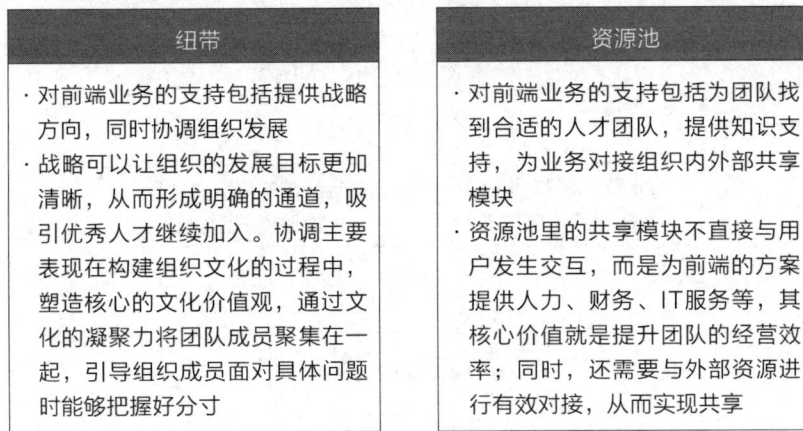

纽带	资源池
·对前端业务的支持包括提供战略方向，同时协调组织发展 ·战略可以让组织的发展目标更加清晰，从而形成明确的通道，吸引优秀人才继续加入。协调主要表现在构建组织文化的过程中，塑造核心的文化价值观，通过文化的凝聚力将团队成员聚集在一起，引导组织成员面对具体问题时能够把握好分寸	·对前端业务的支持包括为团队找到合适的人才团队，提供知识支持，为业务对接组织内外部共享模块 ·资源池里的共享模块不直接与用户发生交互，而是为前端的方案提供人力、财务、IT服务等，其核心价值就是提升团队的经营效率；同时，还需要与外部资源进行有效对接，从而实现共享

图9-2　纽带和资源池的重要作用

◎蜂窝状组织的运行思维

不管是蜂窝状组织还是其他组织，其存在都有一定的目的，即为当前的场景服务；在当前的业务消亡之后，为后续的场景服务。组织的成立并不是为了提高管理的效率，而是为了给经营目标提供服务。所以，经营目标的实现需要组织的支持。设计蜂窝状组织结构就是为了让企业朝着更加高效的方向运行，让企业在蜂窝状组织结构的支持下持续经营，创造更大的企业价值。

我们知道，在蜂窝状组织中，前端平台和后端团队是通过高效的协调配合才实现组织的高效运转的。所以，在蜂窝状组织中，存在以下运行逻辑，如图9-3。

价值创造　　　　　　　获取回报

```
┌──────────┐      ┌──────────┐      ┌──────────┐
│  资源要素  │ ──→ │  产品/服务 │ ──→ │   用户    │
└──────────┘      └──────────┘      └──────────┘
```

网络化协同　　　　　　　需求响应

```
┌──────────────────┐      ┌────────────────────┐
│   业务后端的平台    │      │  业务前端的蜂窝状团队  │
│  （管理价值交付）   │      │   （管理用户期望）    │
└──────────────────┘      └────────────────────┘
          ┌──────────────┐
          │   蜂窝状组织    │
          └──────────────┘
```

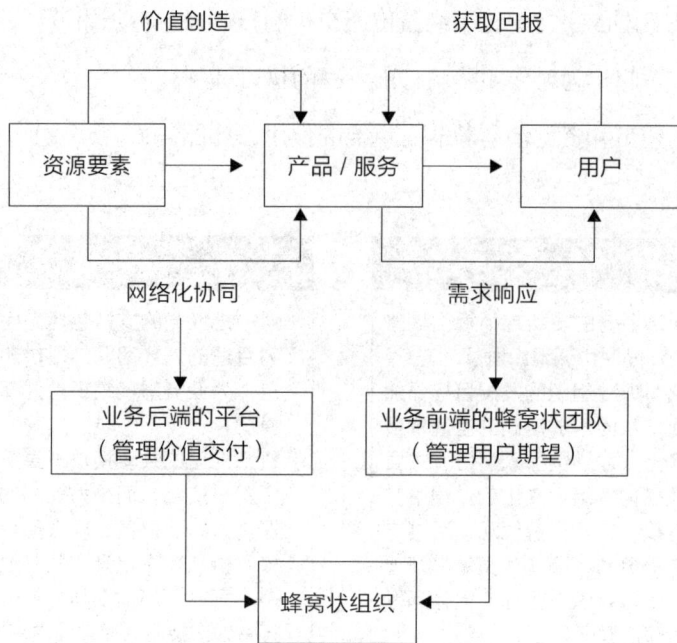

图9-3　蜂窝状组织的运行逻辑

　　蜂窝状组织前端的蜂窝状团队是围绕用户需求而工作的。组织中团队的形成与消散，都围绕着用户场景，而且当蜂窝状组织中的团队可以提出很好的场景解决方案、给用户带去价值时，这个团队就算是发挥了其最大的作用。

　　蜂窝状组织后端的平台是前端团队得出场景解决方案的支持。在平台上积累着内外部的资源和完善的机制，这些资源的沉淀赋予了组织网络协同化的能力，而机制又保障了各种资源能够有效协同，进而推动组织创造价值，形成可持续的发展生态。

◎蜂窝状组织的运行特征

　　蜂窝状组织依据场景管理类理论而诞生，是一种互联网时代的新型组织形式，一般来讲，蜂窝状组织具有以下特征，如图9-4。

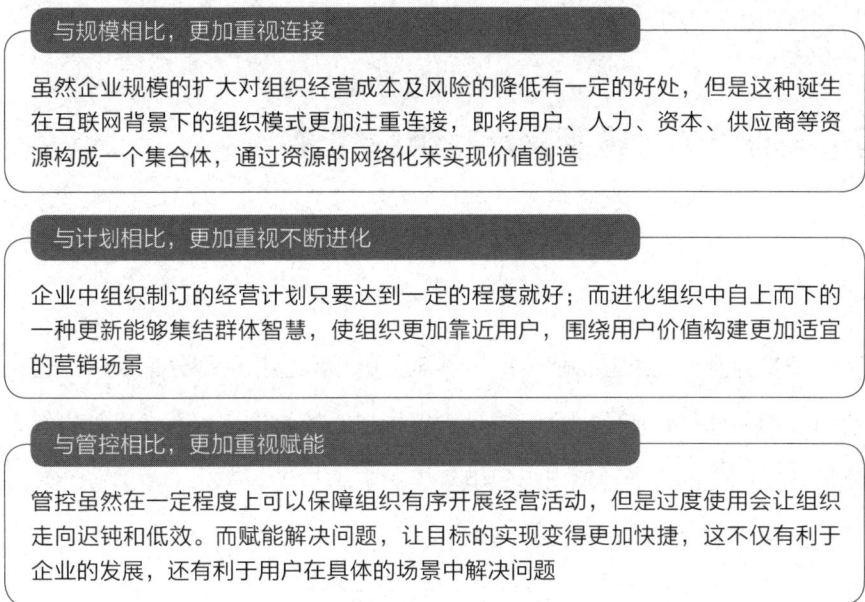

与规模相比，更加重视连接

虽然企业规模的扩大对组织经营成本及风险的降低有一定的好处，但是这种诞生在互联网背景下的组织模式更加注重连接，即将用户、人力、资本、供应商等资源构成一个集合体，通过资源的网络化来实现价值创造

与计划相比，更加重视不断进化

企业中组织制订的经营计划只要达到一定的程度就好；而进化组织中自上而下的一种更新能够集结群体智慧，使组织更加靠近用户，围绕用户价值构建更加适宜的营销场景

与管控相比，更加重视赋能

管控虽然在一定程度上可以保障组织有序开展经营活动，但是过度使用会让组织走向迟钝和低效。而赋能解决问题，让目标的实现变得更加快捷，这不仅有利于企业的发展，还有利于用户在具体的场景中解决问题

图9-4　蜂窝状组织的特征

所以，在网络协同背景下，组织需要不断地结合多边资源，让资源在有效的连接下共同促进企业的经营活动，以此来为用户创造更有价值的场景体验。

两个核心机制，维系蜂窝状组织构建

组织是为企业的经营而服务的，其服务的核心包括两部分：如何为企业创造价值、如何分享企业的回报。这是组织构建的核心价值，围绕价值的创造和分享展开，价值创造通过输出组织中汇集的资源与机制来为企业创造价值，价值分享是围绕给"事"定价展开的。

◎利用价值创造机制打造价值创造体系

蜂窝状组织为企业创造价值的机制是输出平台中汇集的资源和机制为业务前端的蜂窝状团队赋能，蜂窝状团队面向用户交付解决方案，具体事项的执行则交付给组织中的U盘化人员完成。因此，就有了平台、蜂窝状团队、U盘化人才这样的三级价值创造体系。

平台在企业创造价值的过程中，需要做到以下这些。

1. 将过程能力沉淀为组织资源

我们判断组织能力时，得看这个组织能做多少事，组织能够做成某件事的决定因素是其拥有的资源（员工、知识、技能、外部关系等）。所以在组织中，能力与资源是相辅相成的，它们共同作用才可以为组织创造价值，如图9-5。

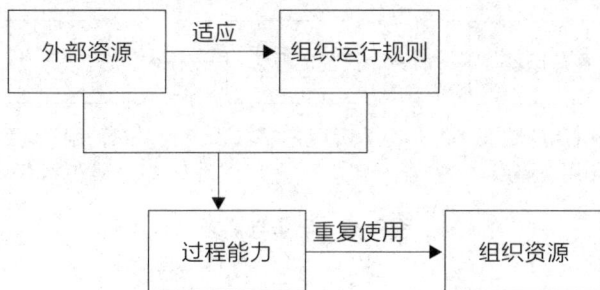

图9-5　外部资源与组织资源的关系

只有当过程能力能够被组织重复使用时，过程能力的载体才算是组织的资源。例如，人才是很多能力的载体，但是人才在最开始并不是属于组织的。只有当人才适应组织的运行规则，并且人才所具备的能力能够被组织重复使用时，人才才能够作为能力的载体而成为组织的资源。

2. 基于数据构建智能化网络协同管理体系

智能化网络协同管理体系可以将企业的研究与生产过程、供应链仓配体系、用户管理终端等集中在一个数据化网络中。这种智能化的管理能够让组织的工作高效开展。在智能技术的不断进步之下，组织在运行过程中会将用户资源、员工资源、组织知识等资源进行数据化管理，所以，数据将成为组织进行有效管理的关键。

蜂窝状组织团队在为企业创造价值的过程中，面向用户场景来挖掘用户需求，以用户的需求为基础提供相应需求的解决方案。其基于场景创造的组织价值主要有以下两点。

1. 将产品内嵌到用户场景中，以此来创造价值体验

该价值创造体系主要表现在将产品放到合适的场景中，如图9-6。

```
┌──────────┐      ┌──────────┐      ┌──────────┐
│  现有场景  │ ───▶ │ 产品/服务 │ ───▶ │  理想场景  │
└──────────┘      └──────────┘      └──────────┘
  挖掘用户需求        满足用户需求        帮助用户达到
  与用户痛点                            理想状态
```

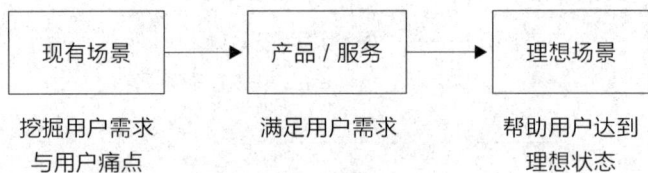

图9-6　场景与需求

2. 基于产品构建用户场景，实现商业生态布局

例如，微信等本身自带场景（社交场景、支付场景、阅读场景等），对这些场景进行有效利用，就可以布局商业生态环境。

U盘化人才能为蜂窝状组织提供动力。U盘化人才是指那些像U盘一样自带信息、不需要系统载体、随时都可以插拔并且还能自由协作的人，这类人一般没有固定的组织，他们通过提供自己的价值来收取回报。也就是说，蜂窝状组织结构会吸纳一些自由职业者，他们会参与组织的价值最大化创造。

◎三阶分配逻辑实现价值分配

一般的组织价值分配逻辑是按劳分配，也就是做了多少事，就可以拿多少钱。但在具体的分配体系中，要实现这种按劳分配并不简单，因为对具体贡献的定价标准是不确定的，这容易出现劳酬不一致的问题。此外，组织的经营过程涉及方方面面的环节，这些环节又涉及大大小小的事，要给处理这些事的贡献定价比较困难。

所以，为了让组织中的价值分配更加透明公正，我们需要根据组织与员工之间的契约关系来实现价值共享，如图9-7。

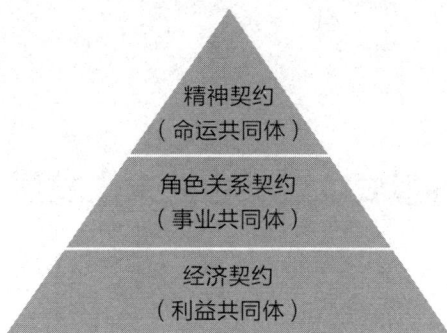

图9-7　组织与员工的契约关系

1. 经济契约

经济契约是组织与员工之间最基础的关系表现。这种契约关系强调的是员工通过对组织的贡献来获取回报。

2. 角色关系契约

角色关系契约是指员工在组织中会因为共同事业的要求而担任不同的角色，进而利用这种角色与他人建立起各种各样的关系与联系，然后基于共同的价值目标追求让员工共同努力创造价值，这时员工会分享到目标追求所带来的成就感和回报。

3. 精神契约

精神契约是指组织中的成员基于共同的目标追求，为共同的愿景和使命贡献自己的价值，这些员工分享的主要是实现愿景带来的精神回报。

在蜂窝状经济组织中，这三大契约层层递进，在满足员工经济契约的基础上，让员工投入角色，体验这些角色带给员工的成就感。此外，让员工感知参与组织的重大意义，从而在精神契约的引导下感知组织的美好愿景。

两种战略、三种模式，定义企业未来发展

蜂窝状组织的出现让企业更加注重建设以用户为核心的组织体系，在这种组织运行逻辑中，企业主要解决两大问题：企业是通过哪些方式参与市场竞争的？企业要在市场中如何发展？物竞天择，适者生存。激烈的竞争环境迫使企业不得不做出改变，不管是战略层面，还是发展模式层面，这些与企业发展至关重要的大局把控，在企业走向可持续发展的过程中起着关键的作用。

◎企业发展的两大战略

蜂窝状组织企业在以用户为中心的发展过程中，竞争依然是非常激烈的，要想取得市场先机，占领市场的主动地位，企业要解决好战略问题，即市场资源占领战略和新价值途径开辟战略。

1. 市场资源占领战略

其强调的是要占领市场中的头部资源，也就是市场中关键的资源。在企业的竞争过程中，价值创造来源于丰富的资源。在互联网时代，企业面临的主要资源是用户、行业标准、产业协同网络。

（1）用户资源。企业生产产品的目的是出售，要出售就得有这些产品对应的用户，只有当用户愿意消费这些产品，且这样的用户足够多时，企业才可

以进行大规模的生产和销售，这样企业才会有价值回报。所以，用户是企业价值的重要来源，为了获取更多的价值，企业就需要开辟更多的用户。不论什么产品，最终提供给用户的还是各种各样的服务，所以，企业出售产品也是出售服务。基于这种认识，企业的销售行为其实并不是为了完成交易，而是为了与用户建立关系，在企业与用户之间有了这种关系之后，企业就可以通过关系来建立场景营销，进而布局更大的商业生态。

所以，用户是企业需要拥有的重要资源。对企业拥有的用户进行划分，可以分为三类：受众、消费者和粉丝，如图9-8。

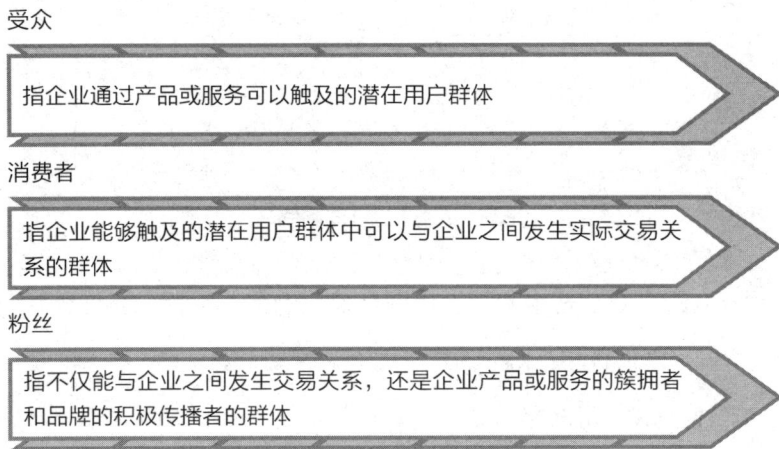

受众

> 指企业通过产品或服务可以触及的潜在用户群体

消费者

> 指企业能够触及的潜在用户群体中可以与企业之间发生实际交易关系的群体

粉丝

> 指不仅能与企业之间发生交易关系，还是企业产品或服务的簇拥者和品牌的积极传播者的群体

图9-8　企业拥有的用户分类

（2）行业标准。指企业在自己的行业领域中成为领头羊，成为典范，成为最佳实践者，建立起行业标准，让其他企业成为自己的跟随者。

企业要想成为行业标准，就需要将行业当中的优秀人才聚集到自己的旗下。当然，行业标准的建立不一定非要依靠人才和研发资源才可以实现，企业只要建立起最佳的实践路径且能够被行业认可时，也算是建立行业标准。例如，遍布全国的熟食品牌绝味鸭脖在熟食的冷链配送体系上建立了一套完善的服务标准，成为该领域的先行者，于是以往与绝味鸭脖处在同一层次的其他企业不再成为绝味鸭脖的竞争者，而是逐渐建立起合作的关系。这种配送标准体系的建立让绝味鸭脖成为该熟食领域的最佳实践者，而且绝味鸭脖还通过共享配送网络成为其他企业的有效扶持者。绝味鸭脖的成功实践不仅为企业创造了价值，还让自己成了行业标准，可以更好地为用户及其他企业服务。

（3）产业协同网络。产业协同网络是依据企业创造价值和获取回报构建的一种网络经营逻辑，如图9-9。

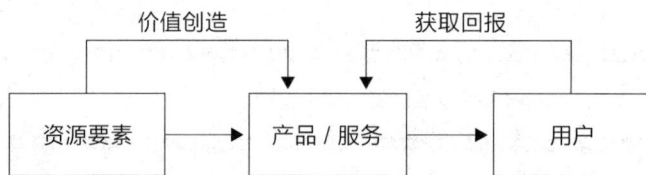

图9-9　产业协同网络

这种互联的产业链是企业进行协同化发展的重要资源，在这种互联业态中，企业之间可以通过相互协同、建立联系来推动企业发展。

2. 新价值途径开辟战略

企业要在激烈的竞争中胜出，重要的不是打败其他企业，而是获取最大价值，要想获取最大价值，就需要有独特的价值实现途径。需要明确的是，这里的价值途径并不是企业过去拥有的价值途径，而是企业能够开发出的独特的新价值途径。新价值途径是指那些可以为用户带去颠覆式体验的价值途径。例如，苹果推出iPhone手机时，并没有过多关注普通产品主打的信号好、续航强，而是将手机定位在能打电话、能听歌、能上网的多功能移动数码终端上。这种价值创新途径迅速打开了iPhone手机的市场，使其获得了全球用户的青睐。

所以，采用颠覆式的思维对产品价值实现途径进行创新，为企业开辟新的价值实现途径。新价值途径开辟战略可以为企业创造更大的价值，但是这也需要企业拥有勇于尝试、勇于创新的信念。

◎三种模式促进企业发展

企业能发展壮大是一回事，发展壮大之后如何保持可持续的发展业态又是另外一回事。为了让企业步入更加可持续的发展道路，一般会有以下三种发展方式供企业选择，如图9-10。

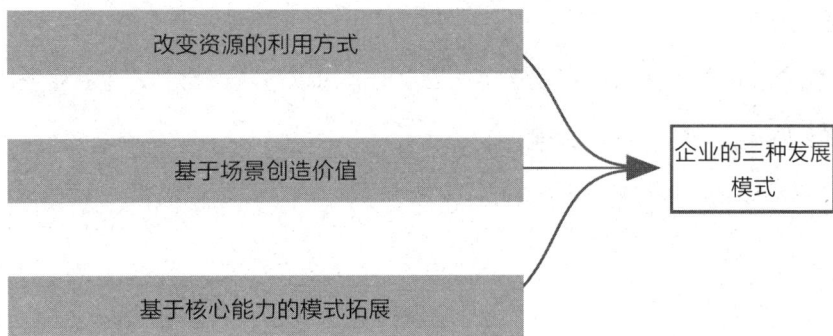

图9-10　企业的三种发展模式

在这三种企业发展模式中，改变资源的利用方式、基于场景创造价值的模式在前文中已经涉及，这里就主要介绍企业发展模式中的第三种模式——基于核心能力的模式拓展。

基于核心能力的模式拓展发展方式以蜂窝状组织的构建思维为基础，也就是将企业的核心发展板块进行复制，由少变多，形成一定的体系，从而壮大企业的综合实力，这样就可以将企业的营销场景相应地复制到新的业态系统当中。

　　例如，零售业当中的巨头7-11便利店成功的核心是数据一体化的运营能力和门店赋能管理能力。

　　对数据一体化的运营能力的应用，主要表现在7-11便利店将日本两万多家门店、148家物流公司、170家生产企业连接成一个网络体系，在这种数据网络体系中，7-11便利店通过后台数据就可以直观地了解产品的售卖情况，还能将生产、物流等信息及时分发给合作结构，提高了门店的配送效率。7-11便利店让熟悉运营的专家对门店进行管理，针对每家店的情况及时完成改进，通过技术给门店赋能。所以7-11便利店每一家新店的诞生，都是将已经存在的运行模式进行复制，让数据一体化和门店赋能进入每一家新店，完成核心能力的模式拓展。

　　当企业需要壮大规模，获得持续发展时，可以先观察自身，寻找企业所具有的核心能力，对其进行复制。

未知商业环境下的企业场景管理

企业或组织存在的商业环境可能是稳定及确定的，也可能是既不稳定也不确定甚至非常模糊的。所以，我们就笼统地将商业环境界定为是未知的。这种未知状态的诞生与多方面的因素有关。例如，伴随着互联网时代的到来，产业内部的生态结构变得更加复杂，行业之间的竞争关系也变得难以捉摸，再加上人文环境的作用，二次元等亚文化让企业的主流文化变得更加多层次……这所有的一切，通过合力作用，最终让企业面临的商业环境更加不确定。

◎在未知的商业环境中为用户提供确定性

企业面临的不确定的商业环境让企业发展目标的清晰度降低，以致企业在发展的过程中失去方向。尽管企业经营面临的商业环境是未知的，但是企业的经营是确定的，也就是说企业要利用改善经营来应对这种未知的商业环境。

在企业中，产品就如同根一样，能让企业紧紧依附。沙漠等干旱地区的特有植物骆驼刺之所以可以在艰苦的条件下存活下来，主要是因为根系发达，长度可达15—20米。骆驼刺通过不断进化，让自己的根变得更长，吸收更深层次的水分。企业也是如此，要想在复杂的商业环境中获得发展，就需要靠自己的产品在市场上深深地扎根、成长。

在经营的过程中，企业一定要找到自己那些已经确定、不再改变的点，然后把精力放在这些不变的点上，从而让不变带动变的事物，使企业朝着更加健康的方向发展。

任何规模的企业及组织在不确定的商业环境中都需要找到一个确定的、不变的点，用户感知到这些不变的、确定的东西，就会有相应的消费方向。企业没必要过分紧盯竞争对手，关注自己本身才是重点，这就回到了用提供给用户的产品或服务留住用户资源的方法。在未知的商业环境中，坚持有用、有效的管理法则，将确定性提供给用户，这样，企业才可以在未知中创造确定的结果。

◎从钟云二象性的角度理解企业管理

钟云二象性是来源于哲学的一个词，但是其非常适合用于管理中，为什么呢？这要先理解钟云二象性的含义。

"钟"和"云"是两种事物。钟的内部布满精密的零部件，这些零部件通过有效的连接形成动力，带动钟面上的指针精准地转动报时，所以，钟就代表着"有序的运行"；而云飘浮在空中，形状是随时变化的，所以，云就代表着"无序的变化"。

我们把钟云二象性引入管理，来进行观察。

如果管理的效率优化对象是组织，而组织是由内部的结构模块组合在一起的，这里的组织就代表着"有序的运行"，那么组织是管理当中的钟；如果管理的效率优化对象是经营，经营面对着用户的各种需求，而且这些需求要通过资源要素的转化和创新来实现，因此，经营就代表着"无序的变化"，那么经营就是管理当中的云。

管理问题是存在于系统中的问题，就管理系统而言，其由两部分构成：

一部分是"有序的运行"，组织内部的结构模块各司其职，有效连接；一部分是"无序的变化"，探索各项要素的有效转化，面向用户的需求进行创新与创造。只有创新与创造，企业才可以在未知的商业环境下获得可持续发展的动力。

【场景说】组织的演化推动企业发展

商业环境本身受各种因素的影响而剧烈地变动着，随着技术、商业模式的变化而变化得更加剧烈。每一次的技术革新，每一次的商业模式转变，都能让商业环境变得更加复杂。在这样的商业环境中，要想更加高效地进入市场参与竞争，企业必须把握时机，跟随每一次的组织演进路径进入市场。

组织之所以会发生演进变化，主要是为了让内部的资源、机会等实现协同和有效沟通。于是，就出现了多种组织形式，见表9-1，这些不同类型的组织形式可以适用于不同发展阶段的组织。

表 9-1　组织的不同形式

组织形式	组织特点	使用情况
直线型组织结构	快速反应市场信息、解决问题	处在创业阶段的组织，资源需求较少、业务结构简单，以速度求生存，管理的作用不突出，组织的活动以市场为导向
直线型职能组织结构	职能分化，承担同一责任、拥有相似技能的人被归类到同一个部门当中，专业化分工提高生产效率	组织规模发展壮大，业务得到夯实，经营逻辑逐渐成熟
事业部组织结构	以自制的经营单元为主，解决企业多产品、跨区域方面的经营问题	企业归集共享资源，下放经营权到事业部

（续表）

组织形式	组织特点	使用情况
矩阵式组织结构	职能驱动项目小组建立，根据市场需求及市场变化来调用各类共享资源	企业多元规模化发展受有限资源限制

从直线型组织结构一直到矩阵式组织结构，组织效能的优化升级都是从内部视角着眼的。在这种内部视角下，组织是有边界的，内部资源协同组织形式进行发展。

组织一直在寻找更加优化的方式进行演进，这种演进呈现一定的趋势，主要表现为网络化、内部市场化、生化。

1. 网络化

网络化指的是将组织中的一些非核心业务进行外包，使得内外部资源达到有效协同，让它们共同推动和维持组织的运营。在如今的互联网时代，很多组织都是在网络化模式下运行的。例如，一个初创期的企业可能只有一个研发团队，而其他的业务（如产品的外形设计、生产制造、销售等）都是通过与其他公司的合作来完成的。房地产企业也是在这种网络化模式下运行的，企业可能只负责楼盘的开发和运维，而具体的设计施工、广告代理、销售代理等都是靠与建筑设计公司、广告公司、销售代理公司等的合作来完成的。

网络化组织模式的出现是社会资源配置的结果，针对组织运营的每一个节点，让熟悉该节点的外部资源参与进来，对该节点进行优化，达到最终的可使用状态，然后将这所有的节点进行有效地连接和组合，形成一个可向用户交付的价值方案。但由于网络化组织所涉及的节点较多，因此对各个节点配合度的要求就高，否则组织就不能得出一个符合用户需求的交付方案。

2. 内部市场化

内部市场化是企业从内部着手的市场化运营模式，其一般表现为以下几种

场景营销

模式，见表9-2。

表9-2 内部市场化模式

内部市场化模式	表现
内部竞争性小组	企业主动地将资源分配给不同的小组，让小组之间形成竞争的关系，以便在最终产品交付之际能先从企业中选择出最优的产品，提供给用户
职能拆分、效率核算	采用阿米巴管理模式，在企业内部模拟市场化的交易结构，从而将价值链上的职能部门拆分成比较微小的阿米巴单元，沿着价值链，上游向下游交付半成品，而下游向上游交付对价
智能并联、用户付薪	企业通过对所有部门的并联，让全体员工和职能部门一起面对企业的用户，为用户创造价值，如果用户愿意为这种价值付薪，那么企业集体将会获得收益，如果用户不愿意付薪，那么集体就需要承担责任

对于这三种组织运营模式，企业可根据自身情况采用其中的一种，或者混合使用，只要最终能够实现推进企业市场化的目的，就是有效的。

3. 生化

生化是指组织为内外部资源的协同提供一个支持环境，同时让内外部资源在平台的基础上为用户提供解决方案。这就类似于化学反应，组织的平台是化学反应的环境基础，而组织要协同的内外部资源就是参与该化学反应的反应物。

组织进行生化的前提是拥有自己的平台，搭建与设计组织自身的平台，让内外部资源在平台上得到沉淀，然后让这些资源进入企业的业务前端发挥作用，来为用户提供有效的解决方案。例如，海尔集团拥有即时营销平台、智能制造平台、智能物流平台和智能服务平台。这些平台可以将内外部的各种资源进行有效的汇总，进而面向用户需求，为其提供解决方案，为用户创造更大的价值。

在组织网络化、内部市场化、生化的过程中，组织改变了传统的为员工提供一个岗位、一份薪酬、一个晋升机会的模式，转而出现的是企业为员工提供了协作场景和资源，让员工利用这些基础和资源发挥主观能动性创造价值，为用户提供价值解决方案。

组织演进的结果就是，组织最终走向了以满足用户需求、为用户创造价值的发展道路。